Baumstarke Deko

witzig & fantasievoll

Abgesägte Baumstämme bemalt & verziert

AUTORINNEN: Martina Schröder/Marion Vogel (S. 6/7, 10/11, 14, 20-25, 28-30, 34/35, 38/39, 42-45, 48-53), Monika Gänsler (S. 8/9, 12/13, 15-19, 26/27, 31-33, 36/37, 40/41, 46/47).

Genehmigte Sonderausgabe für die Verlagsgruppe Weltbild GmbH, Steinerne Furt 67, D-86167 Augsburg

FOTOS: frechverlag GmbH, 70499 Stuttgart; Fotostudio Ullrich & Co., Renningen

DRUCK UND BINDUNG: DELO-Tiskarna d.d., Ljubljana

ISBN 978-3-7724-5499-8

Einkaufen im Internet: *www.weltbild.de*

Baumstarke Deko

Da sind sie wieder – in neuem Gewand und in zahlreichen Größen: Die baumstarken Holzkerlchen!

Freuen Sie sich auf eine Vielzahl an neuen Ideen und Gestaltungsmöglichkeiten, die schlichte kleine Baumstämme mit etwas Farbe, Moosgummi, Sperrholz oder Filz in lustige Figuren verwandeln. Neben verschiedenen Motiven, die Sie während der einzelnen Jahreszeiten begleiten, findet dieses Mal eine fünfte Jahreszeit Beachtung – der Karneval. Lustige Figuren wie die Karnevalsjecken oder der Clown vertreiben garantiert Kummer und Sorgen. An kleine Mitbringsel für besondere Anlässe wurde ebenfalls gedacht. So wartet eine herzige Schutzengeldame nur darauf, das Zuhause Ihrer Freunde zu beschützen. Mit dem Schornsteinfeger, dem Klee und dem Schweinchen verschenken Sie darüber hinaus Glück fürs ganze Jahr.

Wir wünschen Ihnen viel Spaß mit den neuen Baumstammkerlchen!

Die Motive lassen sich in folgende Schwierigkeitsgrade unterteilen:

● ○ ○ einfach   ● ● ○ etwas schwieriger   ● ● ● anspruchsvoll

IHRE GRUNDAUSSTATTUNG

- Tonpapier in Weiß, 80 g/m² oder Schreibmaschinenpapier (für Schablonen)
- Cutter mit Schneideunterlage
- Pauspapier oder Schneiderkopierpapier
- Moosgummi in verschiedenen Farben, 2 mm stark
- Bastelfilz in verschiedenen Farben, 1 mm stark
- Textilfilz in verschiedenen Farben, 4 mm stark
- Acrylfarbe in verschiedenen Farben
- Ölkreide
- Viskosebast
- Rohholzhalbkugeln
- Deko-Schneepaste
- Streuflimmer
- dünne Filzstifte in Schwarz, Rot, Silber
- dünner Lackmalstift in Weiß (Augen)
- Bindedraht, ø 0,35 mm und 0,65 mm
- Seitenschneider
- evtl. spitze Rundzange
- UHU Alleskleber kraft
- Heißklebepistole
- Pinsel, Borstenpinsel
- Bleistift und Radiergummi
- Schere
- Rundholzstäbchen
- Küchenkrepp
- Schleifpapier, z. B. mit einer Körnung von 80 und 120
- Laub- oder Dekupiersäge (mit Sägeblättern für Holz)
- Bügelsäge, Fuchsschwanzsäge, Kreissäge oder Motorsäge (zum Zerschneiden der Baumstämme)
- Bohrer
- Bohrmaschine

Hinweis: Als „Rest" ist immer ein Materialstück bezeichnet, das maximal A5 groß ist.

So wird's gemacht

Vorlagen übertragen

Auf Moosgummi

Alle benötigten Motivteile mit dem Schreibmaschinen- oder Tonpapier ohne Überschneidungen von der Vorlage abpausen und sorgfältig ausschneiden.

Die fertige Schablone auf das Moosgummi oder den Filz legen, die Umrisse mit Blei- oder Filzstift nachmalen und dann alles ausschneiden. Die Teile gemäß Vorlage und mithilfe des Fotos zusammenkleben.

Achtung: Bei doppelseitig gearbeiteten Teilen wird die Schablone für die Rückseite vor dem Übertragen auf das Werkstück gewendet, also seitenverkehrt aufgelegt.

Auf Holz

Die Einzelteile von der Vorlage auf das angegebene Sperrholz übertragen. Dazu das Paus- oder Schneiderkopierpapier mit der beschichteten Seite nach unten auf das Sperrholz legen, darüber die Vorlage platzieren und die Konturen mit einem Bleistift oder Kugelschreiber nachziehen. Darauf achten, dass die Einzelteile nicht überlappen.

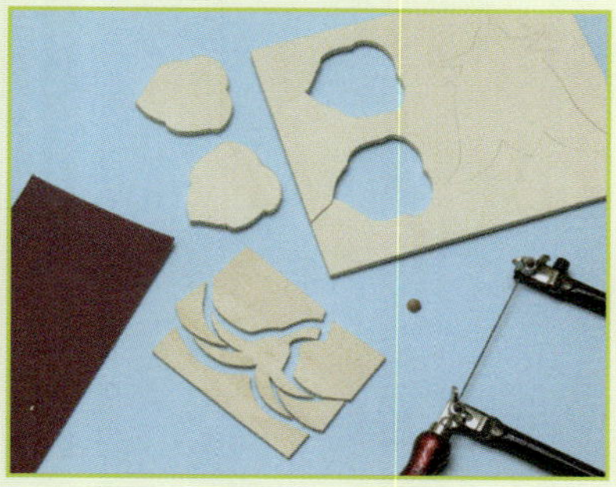

Motivteile aussägen

Alle Teile mit einer Laub- oder Dekupiersäge aussägen. Die Kanten sorgfältig mit Schleifpapier glätten.

Holzteile bemalen

Alle Teile wie abgebildet bemalen und trocknen lassen. Danach die Augen und Innenlinien mit einem dünnen schwarzen Permanentmarker ergänzen. Für das Weiß der Augen einen weißen Lackmalstift oder weiße Acrylfarbe verwenden. Die meisten Wangenflecken und Nasen erhalten noch einen kleinen weißen Pinselstrich. Die Teile wie in der jeweiligen Anleitung beschrieben mit Kraft- oder Heißkleber zusammensetzen.

Gesichter aufmalen

Die Gesichtslinien werden mit wasserfestem Filzstift und/oder Acrylfarbe aufgemalt. Wer will, kann sie mit Bleistift vorzeichnen. Oder Sie übertragen sie wie folgt auf die Schnittflächen: Die Gesichtslinien mit Schreibmaschinenpapier von der Vorlage abpausen, dann die Rückseite des Papiers mit einem weichen Bleistift schwärzen. Nun die Vorlage mit der Vorderseite nach oben auf die Schnittfläche des Baumstamms legen und alle Linien mit einem Stift nachzeichnen. Lichtpunkte, die mit weißer Acrylfarbe und einem Rundholzstäbchen oder Pinselstielende gesetzt werden, geben den Figuren einen lebendigen Gesichtsausdruck.
Für zart getönte Wangen in die noch feuchte Grundfarbe der Schnittfläche etwas Lachs- oder Zinnoberrot bzw. Terrakotta einarbeiten.

Tipp: Wenn Sie die Motive aus dickeren Stämmen arbeiten möchten, vergrößern Sie die Vorlagen einfach etwas mit einem Fotokopierer.

Tipps

- Die kleinen Figuren wurden aus Birkenholzstämmen mit einem Durchmesser von ca. 5 cm gearbeitet. Für alle größeren Figuren wurde auch Eiche und Tanne verwendet. Fragen Sie beim örtlichen Forstamt oder bei Landwirten nach Baumstämmen oder schauen Sie in den Kleinanzeigen Ihrer Tageszeitung nach „Kaminholz". Natürlich kann auch jede andere Holzart verwendet werden.

- Für die Gestaltung der Gesichter müssen die Stämme schräg geschnitten werden. Wir haben uns für einen Winkel von 45 Grad entschieden. Die dünnen Stämme lassen sich problemlos mit einem Fuchsschwanz bearbeiten. Die angegebenen Höhen der Stämme können Sie natürlich auch ganz nach Ihrem persönlichen Geschmack variieren.

- Bemalt haben wir die kleinen Gesellen sowie die hautfarbenen Moosgummi-Ohren und Hände einiger Figuren mit matter Acrylfarbe. Die weiteren Teile sind fast alle aus Filz oder Moosgummi (2 mm stark) gearbeitet, das Schattierungen und Zierlinien mit Ölkreidestiften erhält.

- Wenn Sie die kleinen Figuren auch im Freien aufstellen wollen, müssen sie unbedingt wetterbeständig verklebt sein. Hierfür empfiehlt es sich, UHU Alleskleber kraft mit Heißkleber zu kombinieren.

Ostergrüße

→ von Hasilein und Blumenkind

MATERIAL

HASE

- Birkenstamm, ø 5 cm, ca. 12 cm hoch
- Acrylfarbe in Weiß, Aprikose, Lavendel und Orange
- Ölkreide in Braun und Pink
- Moosgummireste in Rosa und Braun, 2 mm stark
- Langhaarplüsch in Weiß, 1 cm x 1 cm
- 2 Glashalbperlen in Schwarz, ø 4 mm
- 2 Holzperlen in Orange, ø 8 mm
- Styropor-Ei, 6 cm hoch
- Karoband in Orange-Weiß, 5 mm breit, 45 cm lang
- Chiffonband in Orange, 1,5 cm breit, 45 cm lang

BLUME

- Birkenstamm, ø 4,5 cm, ca. 14 cm hoch
- Acrylfarbe in Weiß und Schwarz
- Ölkreide in Rosa, Hellgrün und Grün
- Moosgummireste in Weiß, Rosa, Hellgrün und Grün, 2 mm stark
- Chiffonband in Rosa, 1 cm breit, 75 cm lang

VORLAGE SEITE 54

Hase

1 Die Moosgummiteile ausschneiden, schattieren und die Innenlinien aufmalen. Die Schnittfläche des Holzstammes in Aprikose grundieren, die Wangen röten und das Gesicht aufmalen. Die Glashalbperlen und die Nase aufkleben.

2 Die Ohren hinter dem Kopf anbringen, den Langhaarplüsch dazwischen aufkleben und etwas in Form schneiden. Die Arme seitlich am Stamm fixieren.

3 Das Styropor-Ei an einer Seite mit einem scharfen Messer abflachen und in Lavendel grundieren. Nach dem Trocknen die Punkte aufmalen. Das Karoband über Kreuz um das Ei legen, oben zusammenfassen und das Chiffonband als Schleife mit einbinden. Je eine Perle auf die Enden des Karobandes aufziehen und mit einem Knoten sichern. Das fertige Ei mit der abgeflachten Seite zum Stamm zwischen den Hasenhänden fixieren.

Blume

1 Die Moosgummiteile ausschneiden und schattieren. Die Schnittfläche des Holzstammes zuerst in Weiß grundieren und nach dem Trocknen ganzflächig mit Rosa brushen. Das Gesicht aufmalen und die Nase aufkleben.

2 Die weißen und grünen Blütenteile wie abgebildet zu einem Hut zusammenkleben und auf dem Holzstamm fixieren. Das Chiffonband zweimal um den Stamm wickeln und vorn zur Schleife binden. Die Grashalme einstecken.

Hallo, kleines Schäfchen

→ kleiner Frühlingsbote

MATERIAL

- Birkenstamm, ø ca. 5 cm, ca. 14,5 cm hoch
- Sperrholzrest, 6 mm stark
- Acrylfarbe in Lachsrot, Hautfarbe und Weiß
- Strukturschnee
- künstliche Blumengirlande: Vergissmeinnicht, ca. 14 cm lang
- künstliche Efeugirlande, ca. 14 cm lang
- etwas Stroh
- Bindedraht, ø 0,35 mm
- Metallglöckchen in Silber, ø 1,5 cm

VORLAGE SEITE 55

1 Das Ohr-Haarteil aus dem Sperrholz aussägen.

2 Die Schnittfläche des Baumstammes und das Ohr-Haarteil wie abgebildet anmalen. Das Gesicht gestalten und die Innenlinien aufmalen. Gut trocknen lassen.

3 Den Haarbereich mit Strukturschnee verzieren, wiederum gut trocknen lassen und anschließend das Sperrholzteil auf den Stamm kleben.

4 Die Girlanden miteinander verdrehen, um den Stamm wickeln und mit Heißkleber unten auf der Vorderseite und oben auf der Rückseite ankleben. Etwas Stroh mit Bindedraht umwickeln, das Glöckchen auffädeln, den Draht verzwirbeln und die Drahtenden locken. Das fertige Strohbüschel fixieren.

Kleine Blumenmädchen

→ Deko für die Fensterbank

MATERIAL

- 2 Birkenstämme, ø 4 cm, ca. 13 cm und 10 cm hoch
- Acrylfarbe in Weiß, Hautfarbe, Zartrosa und Goldgelb
- 2 Holzplatinen, ø 4 cm
- Textilfilzrest in Weiß, 4 mm stark
- Bast in Grün
- Bindedraht, ø 0,35 mm

VORLAGE SEITE 55

1 Die Holzplatinen und die Schnittflächen wie abgebildet anmalen. Nach dem Trocknen die Gesichter gestalten und die Innenlinien aufmalen.

2 Mithilfe von Schablonen die Blütenblätter zuschneiden. Gemäß Vorlage die Blütenblätter fixieren, die Köpfe anbringen und die Haare aus Bast ankleben. Die Fasern vorher mit Draht umwickeln, verzwirbeln und die Drahtenden locken.

Glückliche Hühner

→ Oberglucke mit Küken

MATERIAL HENNE

- Birkenstamm, ø 4 cm, ca. 12 cm hoch
- Acrylfarbe in Ocker, Weiß und Schwarz
- Ölkreide in Rot und Schwarz
- Moosgummireste in Orange, Rot und Braun, 2 mm stark
- Karoband in Dunkelrot-Weiß, 1,2 cm breit, 30 cm lang
- 4 Marabufedern in Braun

KÜKEN

- Birkenstamm, ø 3,5 cm, ca. 6,5 cm hoch
- Acrylfarbe in Gelb, Weiß und Schwarz
- Ölkreide in Orange
- Moosgummireste in Gelb und Orange, 2 mm stark
- Karoband in Orange-Weiß, 5 mm breit, 10 cm lang
- 5 Marabufedern in Gelb
- Bindedraht, ø 0,3 mm

VORLAGE SEITE 55

Henne

1 Die einzelnen Teile aus Moosgummi zuschneiden, mit Ölkreide schattieren und die Innenlinien aufmalen. Die Schnittfläche des Holzstammes in Ocker grundieren, die Wangen röten und das Gesicht aufmalen.

2 Den Kamm zuerst vorn am Kopf aufkleben und dann etwas verdreht am Hinterkopf fixieren. Den Schnabel etwas gewölbt entlang der oberen Rundung ankleben. Darunter die beiden Kehllappen fixieren. Die Flügel nur am vorderen Ende auf den Stamm kleben. Jeweils zwei Marabufedern darunter anbringen. Zuletzt die Schleife umbinden.

Küken

1 Die einzelnen Teile aus Moosgummi ausschneiden, mit Ölkreide schattieren und die Innenlinien aufmalen. Die Schnittfläche des Holzstammes in Gelb grundieren, die Wangen röten und das Gesicht aufmalen.

2 Die Nase etwas wölben und auf das Gesicht kleben. Die Fußplatte von unten am Stamm anbringen. Die großen Flügelteile am vorderen Ende am Stamm fixieren und etwas nach hinten biegen. Je eine Feder darunter anbringen. Die kleinen Flügelteile am vorderen Ende auf die großen kleben und jeweils eine gekürzte Feder dahinter anbringen.

3 Die übrige Feder senkrecht auf der Rückseite des Stammes anbringen, sodass sie als Schopf zu sehen ist. Abschließend das Karoband zur Schleife legen, mit etwas Draht in der Mitte abbinden und aufkleben.

Welch ein Pärchen!

→ ein stolzer Hahn mit seiner Frau

MATERIAL

HAHN

- Birkenstamm, ø 4 cm, ca. 15 cm hoch
- Acrylfarbe in Weiß und Zinnoberrot
- Bastelfilzreste in Orange und Rot, 1 mm stark
- Bindedraht, ø 0,35 mm
- Karoband in Rot-Weiß-Blau, 3 cm breit, 14 cm lang
- 3 Federn in Weiß

HUHN

- Birkenstamm, ø 4,5 cm, ca. 10 cm hoch
- Acrylfarbe in Weiß und Zinnoberrot
- Bastelfilzreste in Orange und Rot, 1 mm stark
- Bindedraht, ø 0,35 mm
- Karoband in Rot-Weiß, 2 cm breit, 10 cm lang
- Feder in Weiß

VORLAGE SEITE 56

Hahn

1 Die Schnittfläche wie abgebildet anmalen. Nach dem Trocknen das Gesicht aufmalen. Mithilfe von Schablonen den Schnabel, das Kehlläppchen und den Hahnenkamm zuschneiden.

2 Die Innenlinien ergänzen und die Filzteile aufkleben. Mit Heißkleber die Schwanzfedern auf der Rückseite des Stammes fixieren.

3 Das Karoband doppelt legen, ca. 1 cm von der Knickstelle entfernt mit Bindedraht umwickeln und die Drahtenden locken. Den Schal mit Heißkleber wie abgebildet befestigen.

Huhn

Das Huhn mit den angegebenen Materialien wie beim Hahn beschrieben arbeiten.

Quacki, der Frosch

→ Mitbringsel für stolze Teichbesitzer

1 Die Schnittfläche und die Holzplatinen wie abgebildet anmalen.

2 Das Mundteil sowie das Fußteil mithilfe von Schablonen aus dem hellgrünen, das Herz aus dem weinroten Textilfilz zuschneiden.

3 Die Pupillen auf die Holzplatinen malen und alle Innenlinien auf dem Mundteil ergänzen. Den Wangenfleck mit lachsroter und weißer Acrylfarbe auftupfen.

4 Die Augen, das Mundteil, das Fußteil und das Herz aufkleben.

5 Das Karoband doppelt legen, ca. 1 cm von der Knickstelle entfernt mit dünnem Bindedraht umwickeln und die Drahtenden locken. Die Schalenden ca. 6 cm lang fransig einschneiden. Mit Heißkleber wie abgebildet an den Stamm kleben.

MATERIAL

- Eichenstamm, ø 7 cm, ca. 24 cm hoch
- Acrylfarbe in Hausergrün, Lachsrot und Weiß
- Textilfilzreste in Hellgrün und Weinrot, 4 mm stark
- Bindedraht, ø 0,35 mm
- Karoband in Grün-Weiß, 4 cm breit, 26 cm lang
- 2 Holzplatinen, ø 1,5 cm

VORLAGE SEITE 58

Babsi und Bruno

→ komm und spiel mit uns!

MATERIAL KÄTZCHEN

- Birkenstamm, ø 4 cm, ca. 7,5 cm hoch
- Acrylfarbe in Weiß und Schwarz
- Ölkreide in Pink
- Moosgummireste in Weiß und Violett, 2 mm stark
- Langhaarplüschrest in Weiß
- Papierdrahtkordel in Weiß, ø 2 mm, 9 cm lang
- Draht in Schwarz, ø 1 mm, 3 x 8 cm lang
- Glitterstift in Weiß irisierend
- Satinband in Pink, 6 mm breit, 30 cm lang

BÄR

- Birkenstamm, ø 5 cm, ca. 12 cm hoch
- Acrylfarbe in Ocker, Weiß und Schwarz
- Ölkreide in Pink
- Moosgummireste in Violett, Hellbraun und Mittelbraun, 2 mm stark
- Rohholzhalbkugel, ø 3 cm
- Satinband in Violett, 6 mm breit, 40 cm lang
- Glitterstift in Gold

VORLAGE SEITE 54

Kätzchen

Alle Teile ausschneiden und wie abgebildet bemalen. Ohren und Fellteile am Kopf fixieren. Die Drahtstücke in der Mitte miteinander verdrehen und mit der Nase im Gesicht anbringen. Die Pfoten jeweils auf etwas Plüsch (1 cm x 1 cm) am Stamm befestigen. Den Papierdraht mit Plüsch (1 cm x 8 cm) umkleben, hinten in den Stamm ein passendes Loch bohren und den Schwanz einkleben. Die Satinschleife umbinden.

Bär

Alle Teile ausschneiden und wie abgebildet bemalen. Die Holzhalbkugel als Schnauze aufkleben und die Nase fixieren. Ohren und Pfoten zusammensetzen und zusammen mit den Mützenteilen am Stamm anbringen. Mit Glitterstift die Konturen aufmalen. Das Satinband umbinden.

Glockenblumenmädchen

→ dekorativ im Garten

MATERIAL

- Birkenstamm, ø 9 cm, ca. 36 cm hoch
- Sperrholzrest, 4 mm stark
- Sperrholzrest, 6 mm stark
- Acrylfarbe in Hautfarbe, Lachsrot, Weiß, Lindgrün, Hausergrün, Mittelblau und Arktis
- Paketschnur, ø 1,7 mm
- Rohholzhalbkugel, ø 1 cm
- Stoffstreifen, 10 cm breit, 30 cm lang
- Bindedraht, ø 0,35 mm

VORLAGE SEITE 56

1 Das Blattteil aus dem dünnen, die Blüte und die beiden Blätter aus dem dicken Sperrholz aussägen.

2 Die Schnittfläche, die Rohholzhalbkugel und die Sperrholzteile wie abgebildet anmalen. Nach dem Trocknen das Gesicht gestalten und die Innenlinien ergänzen.

3 Das Blattteil auf die Blüte kleben, diese danach auf dem Kopf anbringen. Die Nase fixieren.

4 Den Stoffstreifen doppelt legen, ca. 2 cm von der Knickstelle entfernt mit Bindedraht umwickeln und die Drahtenden abkneifen. Den Stoffstreifen mit Heißkleber an den Stamm kleben. Aus der Paketschnur eine Schleife binden, auf jedes Ende ein Blatt kleben. Diese Schleife über die Drahtstelle des Stoffstreifens kleben.

Gartenzwerg

→ mit praktischem Filztäschchen

MATERIAL

- Tannenstamm (Nordmanntanne), ø 8 cm, ca. 35 cm hoch
- Acrylfarbe in Hautfarbe, Zinnoberrot und Weiß
- Rohholzhalbkugel, ø 3,5 cm
- Bastelfilzreste in Weiß, Gelb, Hellgrün und Olivgrün, 1 mm stark
- Textilfilzrest in Weiß, 4 mm stark
- Strickschlauch in Rot, 6 cm breit, 30 cm lang
- Paketschnur, ø 1,3 mm
- Metallgartenwerkzeug: Harke, 13 cm lang
- künstlicher Ringelblumenzweig mit drei Blüten, ø 2 cm bis 4 cm
- künstliche Ringelblumenblüte, ø 3 cm
- 15 Kammzwecken (kleine Nägel), ø 1,4 mm, 1 cm lang
- Hammer
- Holzrest, ca. 5 mm bis 10 mm stark

VORLAGE SEITE 57

1 Die Schnittfläche und die Rohholzhalbkugel wie abgebildet anmalen. Gut trocknen lassen.

2 Mithilfe von Schablonen den Bart, die Blütenmitte, die Blüte, das Blatt und die Tasche zuschneiden.

3 Die Augen und den Mund aufmalen. Den Wangenfleck ergänzen.

4 Die zusammengesetzte Blüte und das Blatt auf die olivfarbene Tasche kleben. Mit den Kammzwecken die Tasche wie abgebildet an den Stamm nageln. Dabei vor dem Fixieren den Holzrest unter den Filz legen, damit eine gewölbte Form entsteht.

5 Die Nase und den Bart aufkleben.

6 Den Strickschlauch an einem Ende ca. 3 cm vom Rand entfernt mit Paketschnur zusammenbinden. Das andere Strickschlauchende ein- bis zweimal umkrempeln und die so entstandene Mütze dem Zwerg auf den Kopf setzen. Die große Ringelblumenblüte hinter die Krempe stecken.

7 Die Harke und den Ringelblumenzweig wie abgebildet in die Filztasche stecken.

Tipp: Sehr dekorativ wirkt der Gartenzwerg auch, wenn Sie einen kleinen, mit Blumen bepflanzten Zinkeimer oder Tontopf danebenstellen.

Mäuse, Mäuse, Mäuse

→ kleine Deko für die Fensterbank

MATERIAL

- 3 Birkenstämme, ø 3,5 cm, ca. 12 cm, 10 cm und 8 cm hoch
- Acrylfarbe in Hellgrau, Lachsrot und Weiß
- Bastelfilzrest in Grau meliert, 1 mm stark
- 3 Pompons in Schwarz, ø 2 cm
- Bast in Gelb
- Bindedraht, ø 0,35 mm
- Paketschnur, ø 2,5 mm, 3 x 12 cm lang

VORLAGE SEITE 56

1 Die Schnittflächen wie abgebildet anmalen.

2 Mithilfe einer Schablone die Ohren aus Filz zuschneiden. Die Filzscheiben mit etwas Lachsrot in der Mitte anmalen. Nach dem Trocknen bis zum Mittelpunkt einschneiden und etwas überlappend zusammenkleben, sodass kleine Ohrmuscheln entstehen.

3 Die Gesichter gestalten, die Ohren und die Nasen aufkleben. Ein Schwänzchen aus Paketschnur ankleben, zuvor ein Ende verknoten.

4 Die Mäuse mit Bast verzieren: Dazu die Fasern mit Draht umwickeln und die Drahtenden locken. Entweder die Fasern um den Hals legen (links) oder als Bündel (Mitte) bzw. doppelt gelegt (rechts) fixieren.

Eine flotte Gans

→ rank und schlank

1 Den Schnabel, beide Flügel und das Fußteil aus Sperrholz aussägen.

2 Die Schnittfläche und alle Sperrholzteile wie abgebildet anmalen. Nach dem Trocknen die Löcher der Flügel bohren und diese nach Herstellerangaben mithilfe der Spachtel oder des Messers mit Paper Perfect® betupfen.

3 Das Gesicht gestalten und die Innenlinien aufmalen. Den Schnabel aufkleben, das Fußteil anbringen und beide Flügel annageln.

4 Das Filzstück in ca. 5 mm breite Streifen schneiden, in der Mitte mit Bindedraht umwickeln, die Drahtenden locken und das „Haarbüschel" ankleben. Der Gans das Stoffdreieck umbinden.

MATERIAL

- Birkenstamm, ø 7 cm, ca. 38 cm hoch
- Sperrholz, 6 mm stark, 20 cm x 32 cm
- Acrylfarbe in Weiß, Zinnoberrot und Mandarine (Struktur)
- Bastelfilz in Weiß, 1 mm stark, 8 cm x 5 cm
- Stoffdreieck in Rot-Weiß kariert, 30 cm x 22 cm x 22 cm
- Paper Perfect® in Weiß
- Spachtel oder Messer (für Paper Perfect®)
- Bindedraht, ø 0,35 mm
- 2 Drahtnägel, ø 1,2 mm, 2 cm lang
- Bohrmaschine
- Bohrer, ø 1,5 mm
- Hammer

VORLAGE SEITE 57

MATERIAL ZWERG

- Birkenstamm, ø 4,5 cm, ca. 12 cm hoch
- Acrylfarbe in Aprikose, Rot und Schwarz
- Ölkreide in Rot und Hellbraun
- Moosgummi in Rot, A5
- Moosgummireste in Weiß und Beige, 2 mm stark
- Chenilledraht in Hellbraun, 2 x 5 cm lang
- 2 Glashalbperlen in Schwarz, ø 4 mm
- Wattekugel, ø 1,5 cm
- Schelle in Gold, ø 1,9 cm
- Viskosebast in Gelb, 30 x 5 cm lang
- Karoband in Rot-Weiß, 1,5 cm breit, 45 cm lang
- Bindedraht, ø 0,3 mm
- Bohrmaschine
- Bohrer, ø 1,5 mm

SCHMETTERLING

- Birkenstamm, ø 3,5 cm, ca. 12 cm hoch
- Acrylfarbe in Weiß, Aprikose, Rot und Schwarz
- Ölkreide in Rot und Grün
- Moosgummireste in Orange, Pink, Hellgrün und Rot, 2 mm stark
- Glitterstift in Gold
- Marabufeder in Rot

VORLAGE SEITE 58

Zwei Blumenfreunde

→ fröhliche Sommerboten

Zwerg

1 Die Moosgummiteile ausschneiden. Die Schnittfläche des Holzstammes, die Ohren, die Nase und die Hände in Aprikose grundieren. Bei den Ohren und Händen die Schnittflächen nicht vergessen! Das Gesicht und die Ohrmuscheln aufmalen, die Wangen und die Nase röten und die Moosgummiteile schattieren. Die Augen, die Nase und die Ohren anbringen.

2 Für die Arme auf jeder Seite mit dem Handbohrer ein Loch in den Stamm bohren. Die Chenilledrahtstücke in die Löcher einkleben und die Hände anbringen. Für die Haare je 15 Baststücke mit Draht bündeln und hinter die beiden Ohren kleben. Die Mütze an den langen Seiten mit Heißkleber zusammenfügen und mit Rot brushen. Mit einem Bürolocher drei weiße Punkte ausstanzen und auf der Mütze fixieren. Die Schelle anbringen und die Mütze auf den Stamm setzen. Das Karoband mit einem Krawattenknoten um den Stamm binden und die Enden v-förmig einschneiden.

Schmetterling

1 Die Moosgummiteile ausschneiden und mit Ölkreide schattieren. Die Schnittfläche des Baumstammes in Aprikose grundieren und das Gesicht aufmalen. Die Schmetterlingsflügel nach Vorlage zusammensetzen und die Konturen und Punkte mit dem Glitterstift aufbringen.

2 Die drei Teile für den Haarschopf ebenfalls mit Glitterstift bemalen und etwas überlappend aufkleben. Dabei die Marabufeder dazwischen einstecken. Den Stamm mit Glitter überziehen und die Flügel an der Rückseite befestigen. Zuletzt über jeder Augenbraue drei Punkte mit Glitterstift aufmalen.

Marylin

→ flotter roter Käfer

MATERIAL KÄFER

- Birkenstamm, ø 4,5 cm, ca. 12 cm hoch
- Acrylfarbe in Weiß, Aprikose, Rot und Schwarz
- Ölkreide in Weiß
- Moosgummireste in Rot und Schwarz, 2 mm stark
- Schleifenband in Rot mit weißen Punkten, 1 cm breit, 15 cm lang
- Aludraht in Silber, ø 2 mm, 2 x 10 cm lang
- 2 Pompons in Rot, ø 1,5 cm
- Bindedraht, ø 0,3 mm

PRO BLUME

- kleiner Ast, ø 1,5 cm, ca. 4–5 cm hoch
- Moosgummireste in Rosa, Orange oder Hellgrün, 2 mm stark
- halbierte Holzperle in Rot, ø 1,2 cm
- Glitterstift in Gold

VORLAGE SEITE 59

Käfer

1 Die Moosgummiteile ausschneiden, die Haarteile weiß aufhellen, die Weste und die Flügel verzieren und zwei weiße Punkte auf den Knopf setzen. Die Schnittfläche des Holzstammes in Aprikose grundieren und das Gesicht aufmalen. Die Nase aufkleben.

2 Die Flügel überlappend auf der Rückseite des Stammes anbringen. Die Haare gegengleich auf die Kopfspitze kleben und mithilfe der Vorlage vorn zwei Löcher einstechen. Die Drahtstücke um ein Rundholzstäbchen zu Spiralen drehen und in den Löchern fixieren. Die roten Pompons ergänzen.

3 Die Weste vorn am Stamm fixieren und den Knopf aufkleben. Das Band zur Schleife legen, mit etwas Bindedraht in der Mitte zusammenfassen und am Käfer fixieren.

Blume

Für jede Blume sieben bis acht Blütenblätter aus Moosgummi zuschneiden und kreisförmig auf dem kleinen Ast anordnen. Die halbierte Holzperle mittig auf die Blätter kleben. Die Konturen mit goldfarbenem Glitterstift nachfahren und trocknen lassen.

Tipp: Holzperlen lassen sich mithilfe eines Cuttermessers und eines Hammers leicht spalten. Dazu das Messer auf das Loch der Perle aufsetzen und mit dem Hammer leicht auf die Rückseite der Klinge schlagen.

MATERIAL IGEL

- Birkenstamm, ø 4,5 cm, ca. 16 cm hoch
- Acrylfarbe in Weiß, Aprikose, Rot und Schwarz
- Ölkreide in Rot, Grün und Braun
- Moosgummi in Braun, 2 mm stark, A4
- Moosgummireste in Beige und Hellgrün, 2 mm stark
- Wattekugel, ø 1,5 cm
- 2 Holzperlen in Rot, ø 6 mm
- Karoband in Rot-Weiß, 4 mm breit, 25 cm lang

FROSCH

- Birkenstamm, ø 5 cm, ca. 12 cm hoch
- Acrylfarbe in Weiß, Grün, Gold und Schwarz
- Ölkreide in Gelb
- Moosgummireste in Weiß, Rot und Grün, 2 mm stark
- 2 Rohholzhalbkugeln, ø 2,5 cm
- 2 Glasaugen in Schwarz, ø 1,2 cm
- 6 Holzperlen in Natur, ø 6 mm
- Karoband in Rot-Weiß, 1,2 cm breit, 45 cm lang
- Papierdrahtkordel in Hellgrün, ø 2 mm, 3 x 25 cm lang

VORLAGE SEITE 59

Quaki und Fred

→ zwei tierische Freunde

Igel

1 Die Moosgummiteile ausschneiden und schattieren. Die Schnittfläche des Holzstammes und die Ohren in Aprikose grundieren. Bei den Ohren die Schnittflächen nicht vergessen! Die Wattekugel schwarz anmalen. Das Gesicht und die Ohrmuscheln aufmalen. Die Wangen röten und die Moosgummiteile an den Rändern schattieren.

2 Die Ohren und die Nase aufkleben. Die Stachelstreifen auf der Rückseite des Stammes nur mit der Schnittfläche anbringen. Dabei den längeren Streifen nach vorne ins Gesicht hängen lassen. Die Arme seitlich am Stamm anbringen und das Blatt an den Händen fixieren. Abschließend noch das Karoband zur Schleife binden, auf jedes Ende eine Holzperle aufziehen und mit einem Knoten sichern. Die Schleife mit Heißkleber am Igel befestigen.

Frosch

1 Die Moosgummiteile ausschneiden. Die Krone von allen Seiten in Gold bemalen, die einzelnen Teile der Seerose an den Rändern schattieren. Die Schnittfläche des Baumstammes, die Halbkugeln und die Holzperlen in Grün grundieren. Die Borke in Grün brushen. Das Gesicht aufmalen und die Wangen mit Ölkreide etwas aufhellen. Die Augen mit weißer Acrylfarbe aufmalen und nach dem Trocknen die Glasaugen aufkleben.

2 Die fertigen Augen auf dem Gesicht anbringen. Die Papierdrahtstücke miteinander verflechten. Auf die losen Enden jeweils eine Holzperle aufziehen und evtl. mit etwas Klebstoff sichern. Den Drahtstrang als Arme um den Stamm legen und auf der Rückseite fixieren. Die Krone rund zusammenkleben und auf dem Kopf anbringen. Die Seerose zusammenfügen und den Frosch darauf setzen. Zuletzt dem Frosch das Karoband um den Hals knoten und das Herz in die Hände geben.

Hallo, Herbst!

→ lustiges Duo

MATERIAL VOGELSCHEUCHE

- Birkenstamm, ø 10 cm, ca. 44 cm hoch
- Sperrholz, 6 mm stark, 25 cm x 25 cm
- Acrylfarbe in Hautfarbe, Terrakotta, Schwarz, Antikblau, Antikgrün, Lindgrün, Englisch-Senf, Weiß und Sand
- Bindedraht, ø 0,35 mm und 0,65 mm
- künstliche Sonnenblumenblüte, ø 4 cm
- 2 Holzknöpfe in Natur, ø 3,5 cm
- etwas Stroh
- etwas Dschungelmoos in Natur
- 4 Stoffreste, 3,5 cm x 3,5 cm, 2,5 cm x 8 cm, 5 cm x 5 cm und 3 cm x 8 cm
- 2 Zweige, ø ca. 8 mm, ca. 24 cm lang
- Bohrmaschine
- Bohrer, ø 4 mm und 8 mm

RABE

- Birkenstamm, ø 5,5 cm, ca. 12 cm hoch
- Acrylfarbe in Schwarz
- Textilfilzrest in Gelb, 4 mm stark
- Bastelfilzrest in Schwarz, 1 mm stark
- Bindedraht, ø 0,35 mm

VORLAGE SEITE 60

Vogelscheuche

1 Das Haar-Hutteil, das Blattteil und die Nase aus Sperrholz aussägen. Die Schnittfläche und die Sperrholzteile wie abgebildet anmalen. Die jeweils kleineren Stoffteile auf den Hut kleben und alle Innenlinien aufmalen. Das Gesicht gestalten.

2 Ca. 24 cm vom unteren Stammende entfernt zwei Löcher für die Astarme bohren, dabei mit dem dünnen Bohrer vorbohren. Die Astarme in die entsprechenden Bohrlöcher stecken und mit etwas Klebstoff fixieren.

3 Das Haar-Hutteil aufkleben, die Nase fixieren und das Blattteil anbringen. Den Hut mit etwas Dschungelmoos und der Sonnenblumenblüte verzieren.

4 Die Holzknöpfe und die Stoffflicken am Stamm anbringen. Vorher etwas dünnen Bindedraht durch die Knopflöcher fädeln, vorn verzwirbeln und die Drahtenden mit einem Rundholzstab locken. Die Nähstiche mit Filzstift aufmalen. Etwas Stroh mit dickem Bindedraht umwickeln, den Draht verzwirbeln und die Enden locken. Das fertige Bündel an den Stamm kleben.

Rabe

1 Mithilfe von Schablonen die Flügel und den Schnabel zuschneiden.

2 Die Schnittfläche wie abgebildet anmalen. Nach dem Trocknen die Augen aufmalen und alle Innenlinien ergänzen.

3 Den Schnabel und beide Flügel ankleben. Ein schwarzes Filzrechteck (3 cm x 5 cm) in ca. 5 mm breite Streifen schneiden, mittig mit Bindedraht umwickeln und die Drahtenden locken. Wie abgebildet auf den Kopf kleben.

Gruselige Gesellen

→ gespenstisch

MATERIAL GESPENST

- Birkenstamm, ø 4,5 cm, ca. 15 cm hoch
- Acrylfarbe in Weiß
- Ölkreide in Pink und Grau
- Moosgummi in Weiß, 2 mm stark, A4
- Moosgummirest in Grau, 2 mm stark
- Papierdrahtkordel in Creme, ø 2 mm, 30 cm lang
- Schaschlikstäbchen
- Glitterstift in Weiß irisierend

FLEDERMAUS

- Birkenstamm, ø 4,5 cm, ca. 12 cm hoch
- Acrylfarbe in Weiß, Aprikose und Schwarz
- Ölkreide in Rot
- Moosgummireste in Rot und Schwarz, 2 mm stark
- Glitterstift in Silber
- 2 Glashalbperlen in Schwarz, ø 4 mm
- Schleifenband in Rot mit weißen Punkten, 1 cm breit, 35 cm lang

VORLAGE SEITE 61

Gespenst

1 Alle Moosgummiteile ausschneiden, mit der Ölkreide schattieren und das Gesicht mit schwarzem Filzstift aufmalen. Die Konturen und die Lichtpunkte in den Augen mit dem Glitterstift aufbringen. Die Wangen röten. Den Baumstamm mit Weiß brushen und mit etwas Glitter verzieren.

2 Das Gesicht des Gespenstes auf der Schnittfläche anbringen. Den Mantel um den Holzstamm kleben. Die Arme und die Außenkanten des Mantels etwas nach hinten biegen und mit Heißkleber fixieren. Die Sichel mit dem Alleskleber an das Schaschlikstäbchen kleben und dem Gespenst in die Hand geben. Zuletzt die Papierdrahtkordel in der Mitte zur Schlaufe legen und mehrmals verdrehen. Die Enden dem Gespenst um den Hals legen und auf der Rückseite miteinander verdrehen.

Fledermaus

1 Die Moosgummiteile ausschneiden und die Konturen und Innenlinien mit Glitterstift nachziehen. Die Schnittfläche des Holzstammes in Aprikose grundieren, das Gesicht aufmalen und die Wangen röten. Die Nase aufkleben.

2 Die Glashalbperlen als Augen über der roten Nase fixieren. Die Ohren etwas gewölbt ankleben und die Flügel an der Rückseite des Stammes anbringen. Nun noch das Schleifenband um den Hals binden und neben den Augen mit Glitterstift die Punkte aufsetzen.

Rudi und Frosti

→ warm verpackt

MATERIAL

RUDI

- Birkenstamm, ø 5 cm, ca. 12 cm hoch
- Ölkreide in Schwarz
- Moosgummireste in Weiß, Rosa und Rot, 2 mm stark
- Glitterstift in Silber
- Karoband in Rot-Weiß, 2,5 cm breit, 35 cm lang

FROSTI

- Birkenstamm, ø 4,5 cm, ca. 11 cm hoch
- Acrylfarbe in Weiß, Dunkelrot und Schwarz
- Ölkreide in Weiß und Rot
- Moosgummireste in Orange, Rot und Schwarz, 2 mm stark
- Bastelfilz in Grün, A5
- 2 Wattekugeln in Weiß, ø 2 cm
- 2 halbe Holzperlen in Orange, ø 8 mm
- 2 Glashalbperlen in Schwarz, ø 4 mm
- Dekopaste in Weiß
- Streuglimmer in Weiß irisierend
- Zackenrandschere

VORLAGE SEITE 60

Rudi

Die Moosgummiteile ausschneiden, am Rand schattieren und mit Glitterstift verzieren. Das Gesicht aufmalen, die Mütze und die Nase aufkleben und alles zusammen auf der Schnittfläche des Stämmchens anbringen. Zuletzt Rudi das Karoband umbinden.

Frosti

Die Moosgummiteile ausschneiden und schattieren. Das gesamte Stämmchen in Weiß grundieren und das Gesicht aufmalen. Die rote Nase mit Dunkelrot bemalen und mit den Glashalbperlen auf dem Gesicht platzieren. Den Hut zusammensetzen und auf dem Kopf anbringen. Die Knöpfe und die Arme ergänzen. Das Halstuch mit der Zackenrandschere zuschneiden und um den Stamm binden. Hut und Nase mit Dekopaste versehen und etwas Glimmer einstreuen.

Hanno, der Elch

→ winterliche Deko

1 Das zusätzliche Haarteil, das Ohr-Haar-Geweihteil, das Mundteil und das Fußteil aus Sperrholz aussägen.

2 Die Schnittfläche und alle Sperrholzteile wie abgebildet bemalen. Mit Hautfarbe einige Lichtreflexe in das dunkelbraune Haarteil einarbeiten. Das Gesicht gestalten und alle Innenlinien aufmalen.

3 Das zusätzliche Haarteil auf das Ohr-Haar-Geweihteil kleben. Das vollständige Motivteil und das Mundteil aufkleben. Das Fußteil fixieren. Die Ilexgirlande um das Geweih wickeln und auf der Geweihrückseite mit Heißkleber fixieren.

4 Den Stoffstreifen um den „Hals" legen, direkt am Stamm mit Bindedraht fest umwickeln und die Drahtenden locken.

MATERIAL

- Eichenstamm, ø 6,5 cm, ca. 32 cm hoch
- Sperrholz, 6 mm stark, 18 cm x 20 cm
- Acrylfarbe in Nougat, Lachsrot, Weiß, Antikolive (Struktur), Hautfarbe und Dunkelbraun
- Bindedraht, ø 0,65 mm
- künstliche Mini-Ilexgirlande, 24 cm lang
- Stoffstreifen, 8 cm breit, 50 cm lang

VORLAGE SEITE 61

Schneemann

→ macht den Winter noch schöner

MATERIAL

- Birkenstamm, ø 11 cm, ca. 45 cm hoch
- Sperrholzrest, 6 mm stark
- Acrylfarbe in Weiß, Lachsrot, Mandarine (Struktur) und Lindgrün
- Holzbuchstaben, W, I, N, T, E, R, je 3,5 cm hoch
- Bastelfilz in Blau meliert, 1 mm stark, 24 cm x 32 cm
- Bastelfilzrest in Rot meliert, 1 mm stark
- Paketschnur, ø 1,7 mm und 2,5 mm
- Stoffstreifen, 10 cm breit, 110 cm lang
- Reisigzweige
- Bambusstab, ø ca. 7 mm, ca. 26 cm lang

VORLAGE SEITE 62

1 Die Nase aus Sperrholz aussägen.

2 Die Schnittfläche, die Holzbuchstaben und die Nase wie abgebildet anmalen. Nach dem Trocknen das Gesicht gestalten und die Innenlinien aufmalen.

3 Den blau melierten Filzstreifen an der schmalen Seite zusammenkleben, sodass eine Röhre entsteht. Ein Ende als Mützenrand aufrollen, das andere Ende ca. 5 cm vom Rand entfernt mit der dicken Paketschnur abbinden und mit einer Schleife schließen. Mithilfe einer Schablone die Herzchen zuschneiden und die Mütze damit verzieren.

4 Die fertige Mütze, Nase und die Buchstaben wie abgebildet aufkleben. Den Stoffstreifen um den „Hals“ des Schneemannes binden.

5 Für den Besen mehrere Reisigzweige wie abgebildet um den Bambusstab legen und im unteren Bereich mit dünner Paketschnur fest umwickeln. Den Besen ggf. in Form schneiden und mit etwas Heißkleber am Stamm fixieren.

Tipp: Wenn Sie im Umgang mit der Säge schon etwas geübter sind, können Sie die Buchstaben auch selbst aus Sperrholz aussägen. Aus Textilfilz ausgeschnitten sehen die Buchstaben ebenfalls sehr dekorativ aus. Die Vorlagen hierfür finden Sie auf Seite 62.

WINTER

Frohe Weihnachten

→ mit Santa und Engelchen

Santa

Die Moosgummiteile ausschneiden und schattieren bzw. mit Glitterstift verzieren. Die Schnittfläche in Aprikose grundieren, die Wangen röten. Mütze, Bartteile, Augen, Pelzbesatz und Nase auf dem Gesicht anbringen. Den Mund aufmalen. Die Wattekugel mit Glitterstift bemalen und als Bommel fixieren. Den Filz an den Längsseiten mit Heißkleber zu einem Säckchen zusammenkleben. Den Santa hineinstellen, den Rand umschlagen und die Hände darauf anbringen. Zuletzt die Kordel um den Sack knoten.

Engel

Die Moosgummiteile ausschneiden, schattieren und ggf. mit silbernem Filzstift beschriften. Die Schnittfläche in Aprikose grundieren, das Gesicht aufmalen und etwas röten. 14 Drahtstücke (je 10 cm lang) an einem Ende miteinander verdrehen. Ein passendes Loch oben in den Holzstamm bohren, die Drähte einkleben und die Enden spiralförmig aufdrehen. Die Flügel mit Heißkleber fixieren und das Karoband umbinden. Das Herz mit dem restlichen Draht dem Engelchen um den Hals hängen.

Blume

Die Moosgummiteile ausschneiden und mit Glitterstift verzieren.
Die Schnittfläche des Stammes in Gelb grundieren und in die noch feuchte Farbe etwas Orange einarbeiten. Nach dem Trocknen die großen Blütenblätter kreisförmig auf die Schnittfläche kleben, die kleinen etwas nach oben stehend darauf fixieren. Drei Holzperlen in die Mitte setzen und mit Glitter verzieren. Die grünen Blätter unterhalb der Blüte am Stamm anbringen.

MATERIAL SANTA

- Birkenstamm, ø 5 cm, ca. 13 cm hoch
- Acrylfarbe in Aprikose
- Ölkreide in Rot und Schwarz
- Moosgummireste in Weiß, Rosa und Rot, 2 mm stark
- Glitterstift in Weiß irisierend
- 2 Glashalbperlen in Schwarz, ø 4 mm
- Filz in Dunkelbraun, 12 cm x 27 cm
- Wattekugel, ø 1,5 cm
- Kordel in Rot, ø 4 mm, 35 cm lang

ENGEL

- Birkenstamm, ø 4 cm, ca. 14 cm hoch
- Acrylfarbe in Aprikose und Schwarz
- Ölkreide in Orange und Rosa
- Moosgummi in Weiß, 2 mm stark, A5
- Wickeldraht in Schwarz, ø 0,65 mm, 1,60 m lang
- Karoband in Rot-Weiß, 1,5 cm breit, 45 cm lang

PRO BLUME

- Birkenstamm, ø 3,5 cm, ca. 6,5 cm hoch
- Acrylfarbe in Orange und Gelb
- Ölkreide in Dunkelgrün und Schwarz
- Moosgummireste in Grün und Rot bzw. Weiß, 2 mm stark
- Glitterstift in Gold
- 3 Holzperlen in Gelb, ø 6 mm

VORLAGE SEITE 62

Weihnachtsmann

→ mit langem Rauschebart

MATERIAL

- Birkenstamm, ø 14 cm, ca. 42 cm hoch
- Acrylfarbe in Hautfarbe, Weiß und Zinnoberrot
- Rohholzhalbkugel, ø 3,5 cm
- Langhaarplüsch in Weiß, Flor ca. 7 cm lang, 30 cm x 48 cm
- Formfilz in Rot, 30 cm x 45 cm
- Stoffstreifen, 18 cm breit, 50 cm lang
- Bindedraht, ø 0,35 mm
- Metallglöckchen in Silber, ø 1,5 cm
- dünne Nadel
- Eierkarton oder altes Handtuch (Stütze zum Trocknen)

VORLAGE SEITE 62

1 Die Mütze aus Formfilz formen. Dazu den Filz mit etwas Wasser anfeuchten, damit er biegsam wird, um den Kopf legen und in Form bringen. Während des Trocknens die Mütze auf dem Kopf lassen. Den Stamm ablegen und die Mütze etwas abstützen, z. B. mit einem Eierkarton oder Handtuch. Wenn die Mütze vollständig getrocknet ist, das Glöckchen wie abgebildet mit Draht befestigen. Dafür mit einer Nadel ein kleines Loch für den Draht vorstechen.

2 Die Schnittfläche und die Rohholzhalbkugel wie abgebildet anmalen. Die Augen aufmalen.

3 Mithilfe einer Schablone den Bart zuschneiden. Dazu die Schablone auf die Rückseite des Plüschs legen, mit Bleistift umfahren und die Form vorsichtig mit sehr kurzen Schnitten aus dem Gewebe schneiden. Dabei darauf achten, dass die Haare nicht mit abgeschnitten werden.

4 Die Rohholzhalbkugel anbringen, den Bart ergänzen und die Mütze mit Heißkleber befestigen.

5 Den Stoffstreifen doppelt legen, ca. 4 cm von der Knickstelle entfernt mit Bindedraht umwickeln, die Drahtenden locken und am Stamm festkleben.

Hinweis: Den Stamm erst wieder aufstellen, wenn der Filz der Mütze vollständig durchgetrocknet ist. Die Figur am besten wettergeschützt platzieren, die Filzmütze und der Bart sollten nicht feucht werden.

Tipp: Alternativ können Sie auch die Mütze vom Gartenzwerg (Seite 16/17) oder Schneemann (Seite 32/33) in Rot für den Weihnachtsmann arbeiten.

Karnevalsjecken

→ Helau und Alaaf

MATERIAL PIRAT

- Birkenstamm, ø 4 cm, ca. 10 cm hoch
- Acrylfarbe in Aprikose und Schwarz
- Ölkreide in Orange
- Moosgummireste in Beige und Schwarz, 2 mm stark
- Bastelfilz in Rot, A4
- Rohholzhalbperle, ø 1 cm
- Glitterstift in Silber
- Silberdraht, ø 1,2 mm, 3 cm lang

NARR

- Birkenstamm, ø 5 cm, ca. 12 cm hoch
- Acrylfarbe in Weiß, Aprikose und Schwarz
- Ölkreide in Rot
- Moosgummirest in Beige, 2 mm stark
- Bastelfilz in Blau, A5, und Rest in Rot
- halbierte Holzperle in Rot, ø 8 mm
- Viskosebast in Gelb, 3 x 3 cm lang
- Kordel in Orange, ø 2 mm, 35 cm lang
- 2 Schellen in Gold, ø 1,9 cm
- Glitterstift in Gold
- Watte zum Ausstopfen

VORLAGE SEITE 64

Pirat

1 Die Moosgummiteile ausschneiden. Die Schnittfläche des Holzstammes und die Ohren in Aprikose grundieren. Bei den Ohren die Schnittflächen nicht vergessen! Das Halstuch nach Vorlage aus Filz zuschneiden. Für das Kopftuch zusätzlich einen 2 cm breiten und 20 cm langen Filzstreifen anfertigen.

2 Gesicht und Ohrmuscheln aufmalen, die Wangen röten und die Ohren seitlich fixieren. Den Hut an den Außenkanten zusammenkleben und mit Glitterstift verzieren. Den roten Filzstreifen um den Kopf legen und seitlich zusammenknoten. Die Augenklappe darauf platzieren und den Piratenhut auf dem Kopf anbringen. Den Draht zum Ring biegen und an einem Ohr befestigen. Zuletzt das Dreieckstuch aus Filz um den Holzstamm legen und die Enden verknoten.

Narr

1 Die einzelnen Teile aus Filz und Moosgummi ausschneiden. Die Schnittfläche des Holzstammes und die Ohren in Aprikose grundieren. Bei den Ohren die Schnittflächen nicht vergessen! Das Gesicht aufmalen, die Wangen röten und die Nase ergänzen. Die Ohren schattieren und seitlich am Stamm fixieren.

2 Die Kappenteile nur an den Außenkanten zusammenkleben und mit dem Glitterstift verzieren. Nach dem Trocknen die Kappe mit etwas Watte ausstopfen und auf dem Kopf anbringen. Die drei Baststücke mit Draht zusammenbinden und als Pony unter die Kappe kleben.

3 Am Filzumhang auf beiden Seiten die Konturen mit Glitterstift nachziehen und das Punktmuster aufbringen. Nach dem Trocknen den Umhang umlegen, an den Klebeflächen fixieren (schraffierte Flächen) und mit der Kordel zusammenhalten. Zuletzt drei goldene Punkte auf das Gesicht malen und die Schellen an der Kappe festkleben.

Jetzt wird's lustig!

→ eine bunte Begrüßung

MATERIAL

- Eichenstamm, ø 11 cm, ca. 40 cm hoch
- Sperrholz, 6 mm stark, 20 cm x 25 cm
- Acrylfarbe in Weiß, Gelbgrün, Aubergine, Zinnoberrot, Hautfarbe und Schwarz
- Bastelfilzrest in Gelb, 1 mm stark
- Textilfilzrest in Weiß, 4 mm stark
- Karoband in Bunt, 10 cm breit, 24 cm lang
- Knopf in Gelb, ø 3 cm
- Rohholzhalbkugel, ø 3,5 cm
- Plusterstift in Weiß
- Sisalwolle in Orange
- Satinband in Rot, 3 mm breit, 40 cm lang
- Bindedraht, ø 0,35 mm und 0,65 mm
- Bohrmaschine
- Bohrer, ø 1,5 mm

VORLAGE SEITE 64

1 Das Schuhteil, das Mundteil, das Hütchen und die Hutkrempe aus Sperrholz aussägen. Mithilfe von Schablonen die Filzblütenteile zuschneiden.

2 Die Schnittfläche, die Sperrholzteile und die Rohholzhalbkugel wie abgebildet bemalen. Das Gesicht gestalten.

3 Den Hut zusammensetzen, das seitliche Loch bohren und den Hut mit Plusterstift verzieren.

4 Den Hut, die Nase und das Mundteil fixieren. Den Clown auf sein Fußteil kleben. Die Sisalfasern auf ca. 24 cm Länge kürzen, in der Mitte mit dünnem Bindedraht umwickeln und je ein Büschel doppelt gelegt mit Heißkleber an die Stirnseiten kleben.

5 Das Karoband doppelt legen, ca. 3 cm von der Knickstelle entfernt mit dünnem Bindedraht umwickeln und am Stamm ankleben. Über den Bindedraht den Knopf kleben. Vorher jedoch etwas dünnen Draht durch die Löcher fädeln, vorn verzwirbeln und die Drahtenden mit einem Rundholzstab locken.

6 Die zusammengesetzte Filzblüte auf ein gelocktes Stück dicken Bindedraht kleben. Das andere Ende in die Bohrung im Hütchen stecken und fixieren.

7 Zwei kleine Satinschleifen aus je 20 cm Satinband auf die Schuhe kleben.

Kleine Hofmusik

→ Rock me, Amadeus!

MATERIAL AMADEUS
- Birkenstamm, ø 4 cm, ca. 12 cm hoch
- Acrylfarbe in Weiß, Aprikose und Schwarz
- Ölkreide in Rot
- Moosgummi in Weiß und Violett, 2 mm stark, A5
- Langhaarplüschrest in Weiß
- Satinband in Schwarz, 3 mm breit, 50 cm lang
- Glitterstift in Silber
- Trinkhalm in Weiß
- doppelseitiger Klebefilm in Transparent
- Stecknadeln

PRINZ
- Birkenstamm, ø 4,5 cm, ca. 11 cm hoch
- Acrylfarbe in Weiß, Aprikose, Schwarz und Gold
- Ölkreide in Rot
- Moosgummi in Weiß, 2 mm stark, A5
- Bastelfilzstreifen in Rot, 5 cm x 45 cm
- Langhaarplüsch in Weiß, 1,5 cm x 7 cm
- Rohholzhalbperle, ø 1 cm
- gefasster Glasschliffstein in Pink, ø 1,4 cm

VORLAGE SEITE 63

Amadeus

1 Die Moosgummiteile ausschneiden und die weißen Rüschen mit Glitterstift verzieren. Die Schnittfläche des Holzstammes in Aprikose grundieren, die Wangen röten und das Gesicht aufmalen. Den Langhaarplüsch nach Vorlage zuschneiden und auf den Kopf kleben.

2 Für die Locken vom Trinkhalm vier Stücke (je 2 cm lang) abschneiden und mit doppelseitigem Klebefilm umwickeln. Je eine Strähne vom Langhaarplüsch abteilen und von unten nach oben auf einen Trinkhalm aufrollen. Auf diese Weise auf jeder Seite zwei Haarrollen fertigen und mit Stecknadeln feststecken. Für den Pony die Haare etwas kürzen. Hinten mit den Haaren einen Zopf flechten und mit Satinband (10 cm lang) zusammenfassen.

3 Den Umhang um den Stamm kleben, die Kragenspitzen in Form biegen und mit Heißkleber fixieren. Nun die Rüschenteile aufeinander kleben und die zwei Löcher einstechen. Das restliche Satinband durchziehen und zur Schleife binden. Die Rüschen am Stamm fixieren.

Prinz

1 Die Krone und die Ohren aus Moosgummi ausschneiden. Die Krone rundum mit goldener Acrylfarbe bemalen. Die Schnittfläche des Holzstammes, die halbierte Perle und die Ohren in Aprikose grundieren. Bei den Ohren die Schnittflächen nicht vergessen! Das Gesicht und die Ohrmuscheln aufmalen. Die Nase und die Wangen etwas röten. Die Ohren schattieren und zusammen mit der Nase am Kopf fixieren.

2 Den Langhaarplüsch über den Ohren um den Kopf kleben und die Haare etwas in Form schneiden. Die Krone rund zusammenkleben und auf den Kopf setzen. Abschließend noch den Filzstreifen um den Holzstamm knoten und den Schmuckstein auf der Krone fixieren.

Babyboom

→ hurra, die Babys sind da!

MATERIAL (PRO BABY)

- Birkenstamm, ø 4–4,5 cm, ca. 11 cm hoch
- Acrylfarbe in Aprikose und Schwarz
- Ölkreide in Orange und Hellblau bzw. Rosa
- Moosgummirest in Weiß, 2 mm stark
- Satinband in Hellblau bzw. Rosa, 6 mm breit, ca. 50 cm lang
- Papierdrahtkordel in Creme, ø 2 mm, 4 cm bzw. 10 cm lang
- Glitterstift in Weiß irisierend
- wasserfester Filzstift in Schwarz
- Deko-Schnuller in Blau bzw. Rosa
- Bohrmaschine
- Bohrer, ø 1 mm

VORLAGE SEITE 55

1 Die Ohren und das Lätzchen aus Moosgummi zuschneiden. Die Schnittfläche des Holzstammes und die zugeschnittenen Ohren in Aprikose grundieren. Bei den Ohren die Schnittflächen nicht vergessen!

2 Das Gesicht und die Ohrmuscheln aufmalen und die Wangen röten. Die Ohren schattieren und seitlich fixieren.

3 Mit dem Bohrer für die Haarlocken am Hinterkopf ein Loch in den Stamm bohren. Beim Jungen die 4 cm lange Papierdrahtkordel in das Loch kleben und als Locke nach vorn ins Gesicht legen. Beim Mädchen die 10 cm lange Papierdrahtkordel in der Mitte knicken und die Knickstelle in das Loch kleben. Die Enden um ein Rundholzstäbchen zu Locken drehen. Ein 10 cm langes Stück vom rosafarbenen Satinband abschneiden und als Schleife ins Haar binden.

4 Das Lätzchen mit Glitterstift bemalen und an den Rändern mit Ölkreide schattieren. Nach dem Trocknen den Namen mit wasserfestem Stift aufbringen und das Lätzchen mit Heißkleber ankleben. Abschließend noch den Deko-Schnuller mit dem Satinband umbinden.

Lukas

Ich bin da!

→ Schutzengel fürs ganze Jahr

MATERIAL

- Tannenstamm (Nordmanntanne), ø 9 cm, ca. 40 cm hoch
- Sperrholz, 6 mm stark, 40 cm x 20 cm
- Acrylfarbe in Hautfarbe, Lachsrot, Antikblau, Elfenbein und Terrakotta
- Krakelierlack
- Bindedraht, ø 0,35 mm
- Perlmuttknopf in Rosa, ø 2,3 cm
- Rohholzhalbkugel, ø 1,5 cm
- Stoffrechteck in Rot-Weiß gestreift, 6 cm x 10 cm
- Stoffstreifen, 6 cm breit, 42 cm lang
- Bastelhanffasern, ca. 60 cm lang
- ggf. Holzschrauben mit Senkkopf, ø 3,5 mm, 3 cm lang
- Bohrmaschine
- Bohrer, ø 1,5 mm

VORLAGE SEITE 57

1 Das Flügelpaar und die Herzen aus Sperrholz aussägen.

2 Die Sperrholzteile in Antikblau grundieren, nach dem Trocknen mit Krakelierlack einstreichen und nochmals trocknen lassen. Die Sperrholzteile, die Rohholzhalbkugel und die Schnittfläche wie abgebildet anmalen: die Flügel in Elfenbein, die Herzen in Terrakotta. Bei den Herzen und dem Flügelpaar wird während des Trocknungsprozesses der Krakeliereffekt sichtbar: Die oberste Farbschicht platzt auf, es entstehen zahlreiche feine, antik wirkende Risse und die darunterliegende Farbe schimmert durch.

3 Das Gesicht aufmalen und den Schriftzug auf dem Flügel mit schwarzem Stift ergänzen.

4 Die Löcher gemäß Vorlage bohren. Die Nase aufkleben und die Herzen auf das Flügelteil kleben, den Knopf anbringen. Zuvor jedoch etwas Bindedraht durch die Knopflöcher fädeln, vorn verzwirbeln und die Drahtenden mithilfe eines Rundholzstäbchens locken. Das große Herz mit Bindedraht unter das Flügelteil hängen. Das Flügelteil mit Heißkleber oder Schrauben (siehe Materialliste) am Stamm befestigen.

5 Die Bastelhanffasern mittig mit Draht abbinden. Etwa 14 cm von der Mitte (= Scheitel) entfernt aus den Fasern beidseitig einen Zopf flechten. Die Haare am Kopf mit Heißkleber befestigen und auf jeder Seite nochmals in Zopfhöhe am Stamm fixieren.

6 Das kleine Stoffrechteck in der Mitte mit Bindedraht umwickeln, sodass eine Schleife entsteht. Die Drahtenden locken und die Schleife auf den Scheitel kleben.

7 Den langen Stoffstreifen nicht ganz exakt doppelt legen, ca. 3 cm von der Knickstelle entfernt mit Bindedraht umwickeln und die Drahtenden locken. Mit Heißkleber an den Stamm kleben.

Ich bin da

Zwei Küchenfans

→ lassen nichts anbrennen

MATERIAL

KOCH

- Birkenstamm, ø 5,5 cm, ca. 15 cm hoch
- Acrylfarbe in Aprikose, Weiß und Schwarz
- Ölkreide in Orange
- Moosgummirest in Weiß, 2 mm stark
- Rohholzhalbkugel, ø 1,5 cm
- Langhaarplüsch in Schwarz, 2 cm x 14 cm
- Bastelfilzkreis in Weiß, ø 12,5 cm
- Karoband in Blau-Weiß, 4 cm breit, 45 cm lang
- Nadel und Faden in Weiß

SCHAF

- Birkenstamm, ø 5 cm, ca. 10 cm hoch
- Acrylfarbe in Weiß, Pink, Rot und Schwarz
- Ölkreide in Pink
- Buntstift in Pink
- Moosgummireste in Weiß und Schwarz, 2 mm stark
- Dekoband in Rosa-Weiß gepunktet, 2,5 cm breit, 50 cm lang
- Satinband in Pink, 3 mm breit, 30 cm lang
- Glitterstift in Weiß irisierend
- Streuglimmer in Weiß irisierend
- Glöckchen in Messing, ø 1 cm

VORLAGE SEITE 63

Koch

1 Die Moosgummiteile ausschneiden. Die Schnittfläche des Holzstammes, die Nase und die Ohren in Aprikose grundieren. Bei den Ohren die Schnittflächen nicht vergessen! Das Gesicht und die Ohrmuscheln aufmalen, die Wangen und die Nase röten und die Ohren schattieren. Die Nase und die Ohren anbringen.

2 Den Langhaarplüsch zwischen den Ohren um den Baumstamm kleben und in Form schneiden. Den Filzkreis am Rand mit Heftstichen einfassen und zusammenziehen. Einen Moosgummistreifen (3 cm x 13 cm) zum Ring zusammenkleben und den Filz darin fixieren. Die fertige Mütze auf dem Kopf festkleben. Zuletzt dem Koch das Karoband umlegen und die Enden miteinander verknoten.

Schaf

1 Die Moosgummiteile ausschneiden. Auf die weißen Wollteile mit Glitterstift Kringel aufmalen und in die noch nasse Farbe den Glimmer einstreuen. Bei den Ohren mit Acrylfarbe in Pink die Innenohren ergänzen. Die Schnittfläche des Holzstammes in Schwarz grundieren und das Gesicht aufmalen. Die Augenkontur mit dem Buntstift aufbringen.

2 Nach dem Trocknen zuerst die beiden Wollteile versetzt von vorn und hinten am Holzstamm anbringen. Dann die Ohren ansetzen. Dabei die Ohren am Ansatz etwas zusammendrücken. Zuletzt dem Schäfchen das Dekoband umbinden und das Glöckchen mit dem Satinband umhängen.

Mäusehochzeit

→ gemeinsam durchs Leben

MATERIAL

- 2 Birkenstämme, ca. ø 4,5 cm, ca. 13 cm hoch
- Acrylfarbe in Grau und Schwarz
- Ölkreide in Pink
- Moosgummireste in Grau und Schwarz, 2 mm stark
- 2 Rohholzhalbkugeln, ø 1,5 cm
- 4 Glashalbperlen in Schwarz, ø 7 mm
- 4 Holzperlen in Natur, ø 1,2 cm
- Papierdrahtkordel in Grau, ø 2 mm, 4 x 12 cm lang (Arme) und 2 x 50 cm lang (Schwanz)
- Satinband in Weiß, 1,6 cm breit, 15 cm und 40 cm lang
- Satinband in Weiß, 6 mm breit, 50 cm lang
- Draht in Schwarz, ø 1 mm, 6 x 8 cm lang
- Zylinder in Schwarz, ø 4 cm (Krempe)
- Stoffblütenstrauß in Weiß, ø 1,5 cm
- Tüllband in Rosa, 10 cm breit, 25 cm lang
- Tüllband in Weiß, 5 cm breit, 4 x 10 cm lang
- Chiffonband in Weiß, 1,2 cm breit, 45 cm lang
- Efeuranke
- Bohrmaschine
- Bohrer, ø 1,5 mm

VORLAGE SEITE 61

1 Die Moosgummiteile ausschneiden und mit Pink schattieren. Die Schnittflächen der Stämme in Grau grundieren und die Borke grau brushen. Die Gesichter aufmalen und die Wangen röten. Die Holzhalbkugeln schwarz bemalen. Die Augen aufkleben.

2 Die großen Ohrkreise bis zur Mitte einschneiden, überlappend zusammenkleben und am Kopf fixieren. Die schwarzen Kreise in die grauen Ohren kleben. Nun jeweils drei Drahtstücke in der Mitte miteinander verdrehen, hinter eine Holzhalbkugel kleben und als Nase anbringen.

3 Für den Schwanz und die Arme mit dem Bohrer Löcher in die Stämme bohren. Die Papierdrahtstücke in der Mitte knicken und die Enden miteinander verdrehen. Die Drahtstücke in die Löcher kleben und auf jeden Arm eine Holzperle aufschieben.

4 Nun dem Bräutigam den Zylinder in die Hand geben und das kurze Satinband als Kragen umlegen. Dazu die Enden nach außen falten und mit einer Stoffblüte fixieren. Der Mäusebraut das 40 cm lange Satinband über Kreuz um den Bauch wickeln, auf dem Rücken verknoten und vorn mit drei Blüten schmücken.

5 Die Tüllbänder zusammenraffen, mit dem Chiffonband zusammenfassen und als Abschluss eine Schleife binden. Die Bänder als Schleier hinter den Ohren fixieren. Die restlichen Blüten mit der Efeuranke umwickeln, das schmale Satinband umbinden und den Strauß in den Arm der Braut legen.

Glücksbringer

→ alles Gute fürs neue Jahr!

Schornsteinfeger

1 Die Moosgummiteile ausschneiden. Die Schnittfläche des Holzstammes, die Ohren und die Hände sowie die kleine Wattekugel in Aprikose grundieren, die große Wattekugeln in Grau. Bei den Ohren und Händen die Schnittflächen nicht vergessen! Gesicht und Ohrmuscheln aufmalen, Wangen und Nase röten. Die Ohren und die restlichen Moosgummiteile schattieren.

2 Ohren und Nase aufkleben und das Bartteil leicht gebogen anbringen. Den Filz als Halstuch umlegen, hinten zusammenknoten und mit Ölkreide etwas schwärzen. Die zusammengesetzte Jacke darüber legen und hinten mit Heißkleber fixieren. Vorn mit Glitterstift Knöpfe aufmalen. Die langen Chenilledrahtstücke seitlich als Arme anbringen und die Hände ankleben.

3 Für den Zylinder die beiden Ringe aufeinander kleben (Hutkrempe), den langen Streifen zum Ring formen und in die Hutkrempe kleben. Den Hutdeckel ergänzen. Den fertigen Zylinder auf dem Kopf anbringen und die Leiter am Rücken befestigen. Sieben kurze Chenilledrahtstücke kreisförmig in die graue Wattekugel stecken. Den Aludraht etwas aufrollen, die Wattekugel auf ein Ende stecken und den Kaminbesen dem Schornsteinfeger über die Schulter legen.

Schweinchen

Die Moosgummiteile ausschneiden und schattieren. Die Schnittfläche des Holzstammes und die Rohholzhalbkugel in Rosa grundieren und das Gesicht und die Nasenlöcher aufmalen. Die Halbkugel mit der Rundung auf das Gesicht kleben und das Schnauzenteil darauf fixieren. Die eingeschnittenen Ohren ankleben. Auf der Rückseite des Stammes mit dem Bohrer ein Loch bohren und den Chenilledraht als Schwänzchen einkleben. Das Dekoband umlegen und vorn eine Schleife binden.

Glückskleeblatt

Für jedes Glückskleeblatt vier Blätter aus Moosgummi ausschneiden, am Rand schattieren und mit Glitterstift ein Punktmuster aufmalen. Die Blätter auf dem kleinen Ast anbringen und die halbierte Holzperle mittig aufkleben.

MATERIAL SCHORNSTEINFEGER

- Birkenstamm, ø 4,5 cm, ca. 14 cm hoch
- Acrylfarbe in Weiß, Aprikose, Rot und Schwarz
- Ölkreide in Weiß, Rot und Schwarz
- Moosgummi in Schwarz, A4
- Moosgummireste in Beige und Grau, 2 mm stark
- Bastelfilz in Weiß, 8 cm x 20 cm
- Wattekugel, ø 2 cm und 1 cm
- Chenilledraht in Schwarz, 2 x 6 cm und 7 x 1,5 cm lang
- Aludraht in Silber, ø 2 mm, 60 cm lang
- Glitterstift in Gold

SCHWEINCHEN

- Birkenstamm, ø 5 cm, ca. 10 cm hoch
- Acrylfarbe in Weiß, Rosa und Schwarz
- Ölkreide in Pink
- Moosgummirest in Rosa, 2 mm stark
- Chenilledraht in Rosa, 8 cm lang
- Dekoband in Rosa-Weiß gepunktet, 2,5 cm breit, 30 cm lang
- Rohholzhalbkugel, ø 1,5 cm
- Bohrmaschine
- Bohrer, ø 1,5 mm

GLÜCKSKLEEBLATT

- kleiner Ast, ø 1,5 cm, ca. 3,5–5 cm hoch
- Moosgummireste in Hellgrün bzw. Mittelgrün, 2 mm stark
- Ölkreide in Dunkelgrün
- halbierte Holzperle in Gelb, ø 1 cm
- Glitterstift in Gold

VORLAGE SEITE 63

Babsi und Bruno
SEITE 14

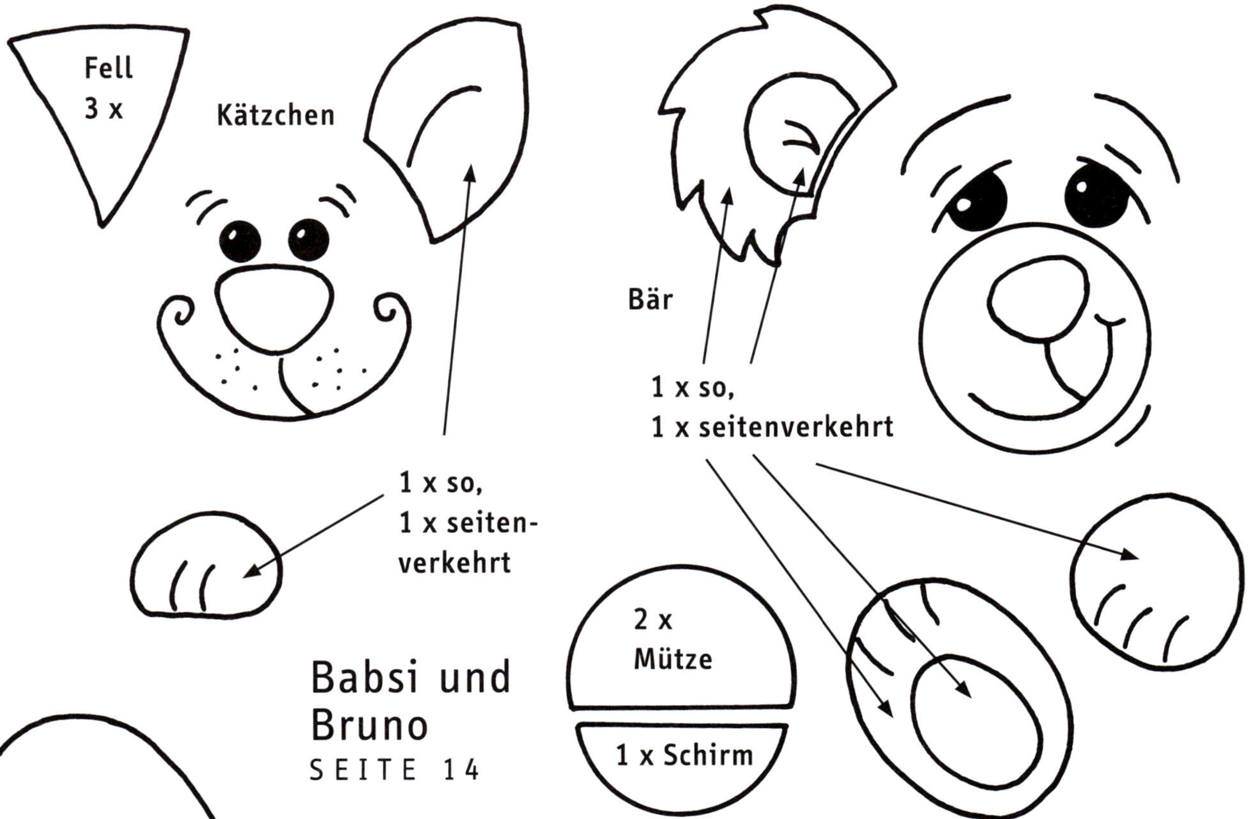

Ostergrüße
SEITE 7

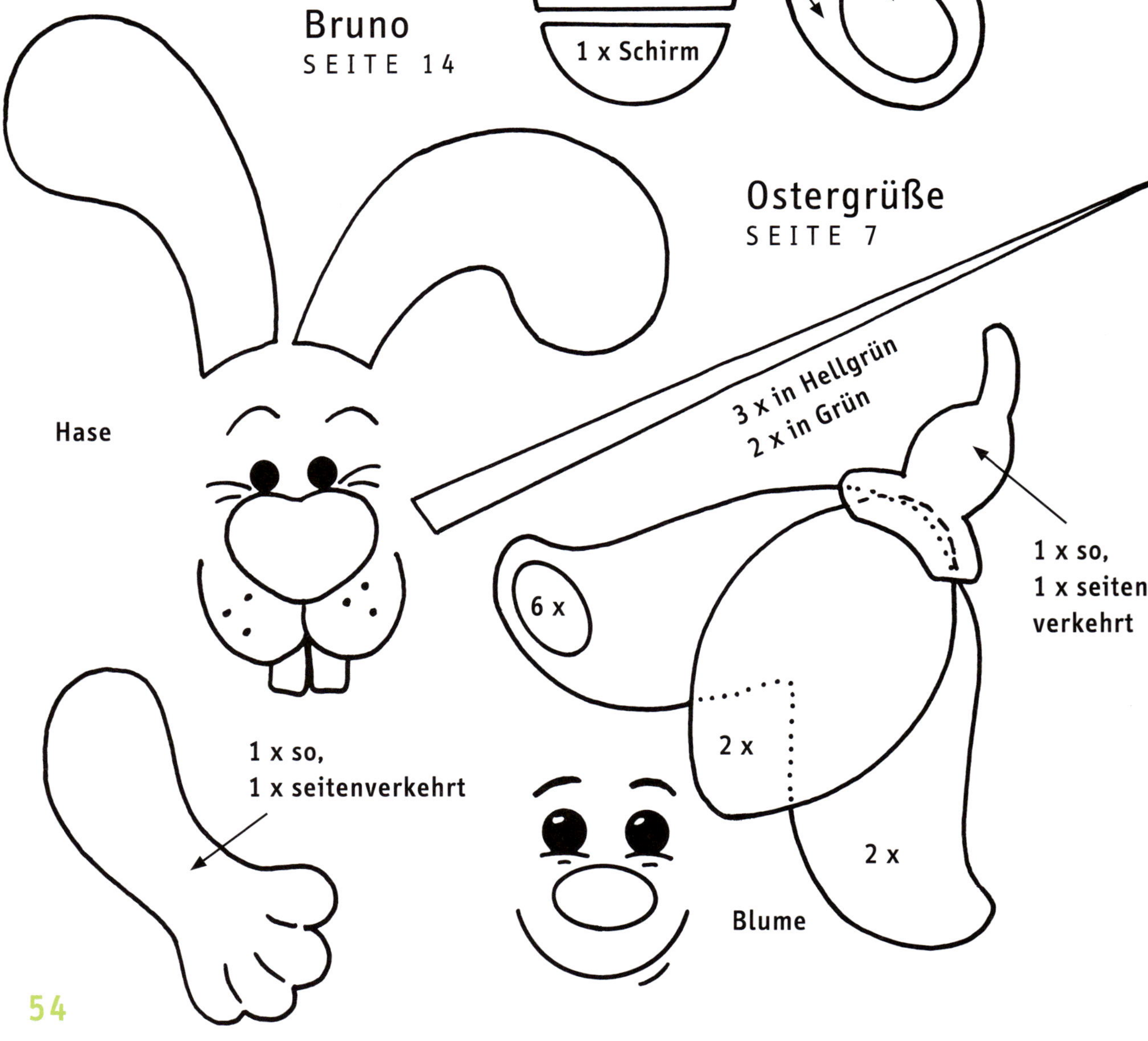

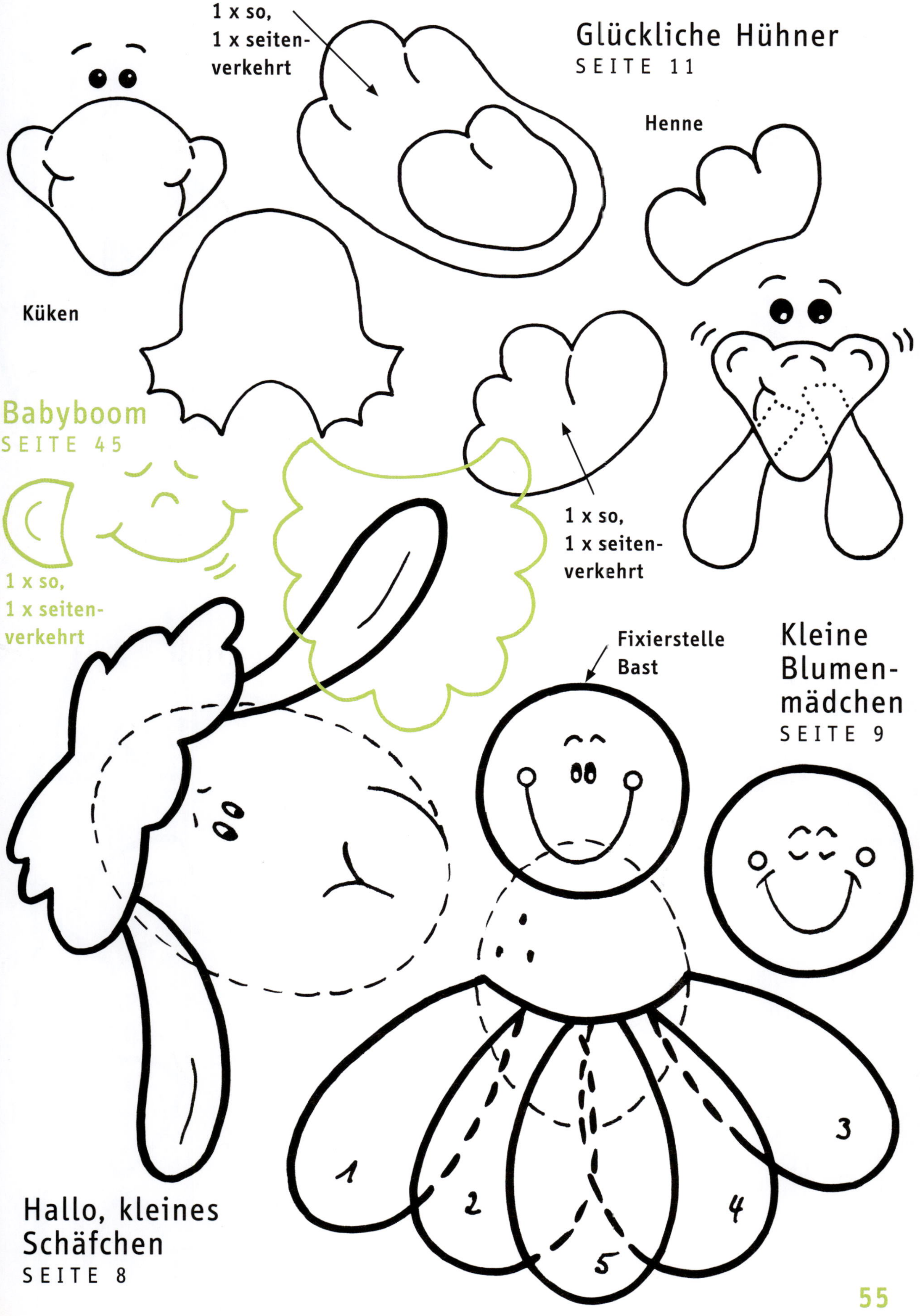
1 x so,
1 x seiten-
verkehrt
Glückliche Hühner
SEITE 11
Henne
Küken
Babyboom
SEITE 45
1 x so,
1 x seiten-
verkehrt
1 x so,
1 x seiten-
verkehrt
Fixierstelle
Bast
Kleine
Blumen-
mädchen
SEITE 9
1
2
3
4
5
Hallo, kleines
Schäfchen
SEITE 8

Glocken-blumen-mädchen

SEITE 15

Welch ein Pärchen!

SEITE 12

Mäuse, Mäuse, Mäuse

SEITE 18

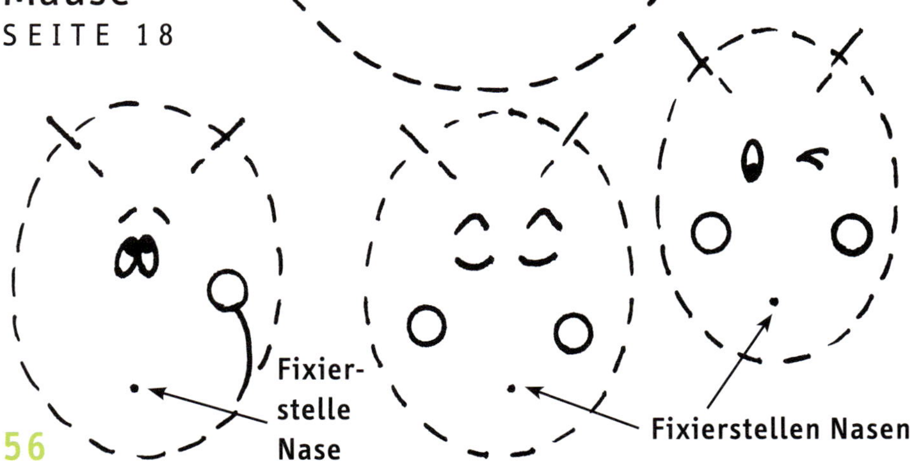

Gartenzwerg

SEITE 17

Bitte auf 150 % vergrößern

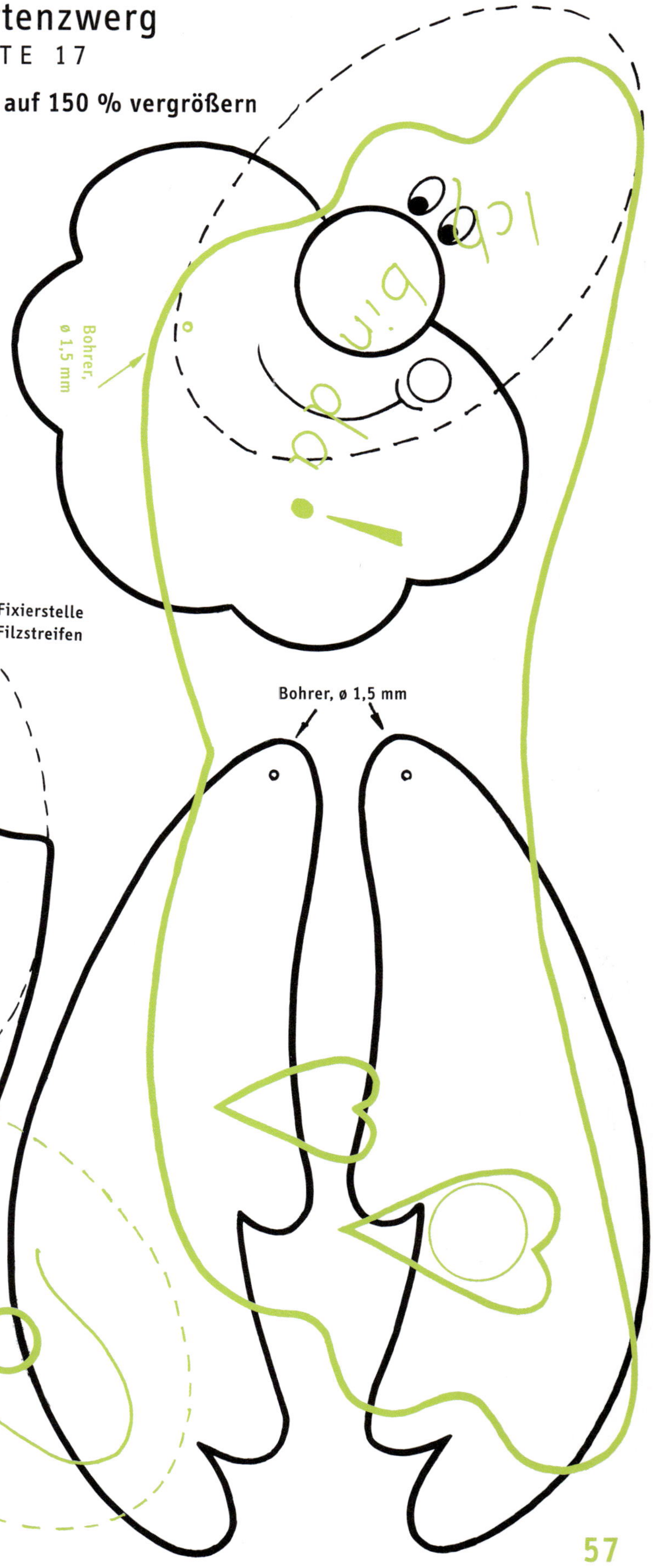

Ich bin da!

SEITE 47

Bitte auf 150 % vergrößern

Eine flotte Gans

SEITE 19

Bitte auf 150 % vergrößern

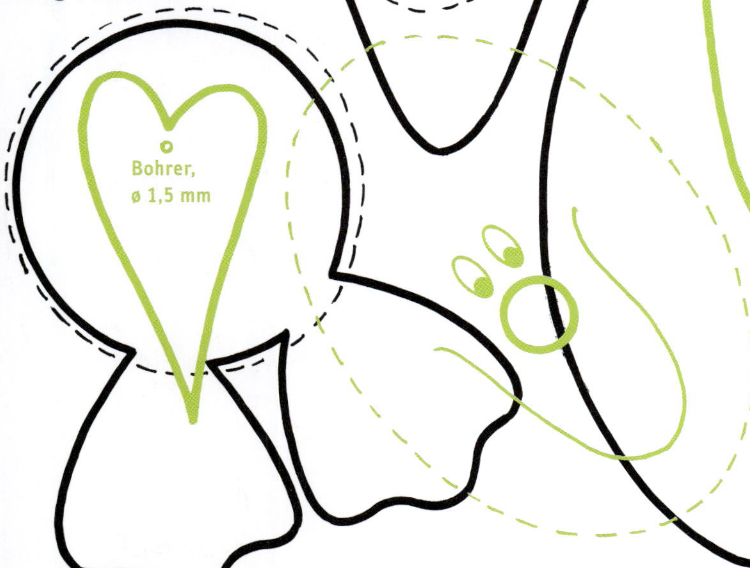

Quacki, der Frosch

SEITE 13

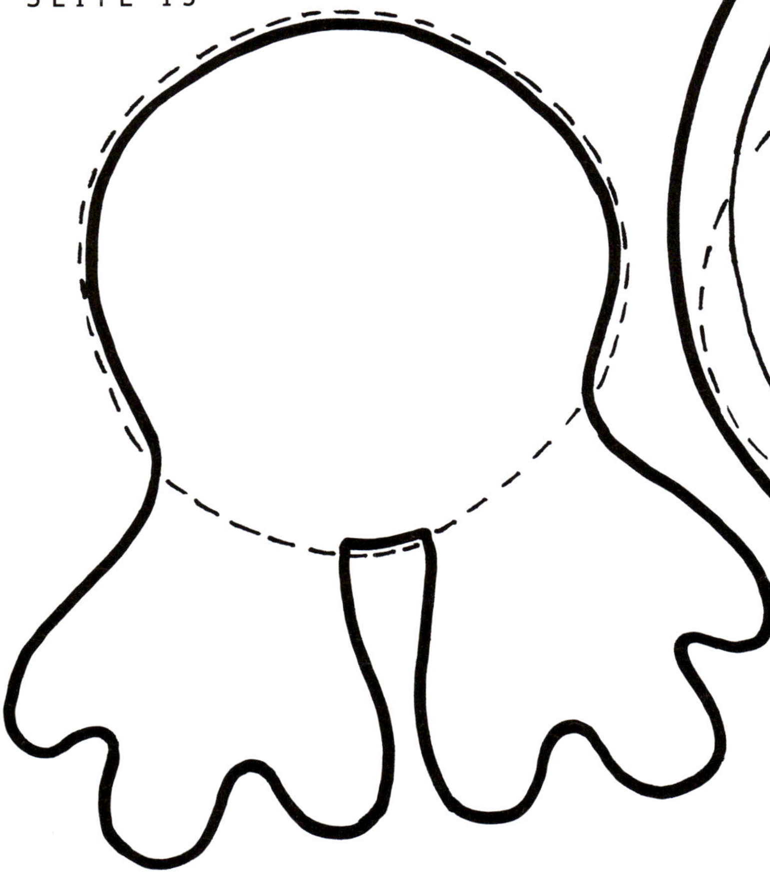

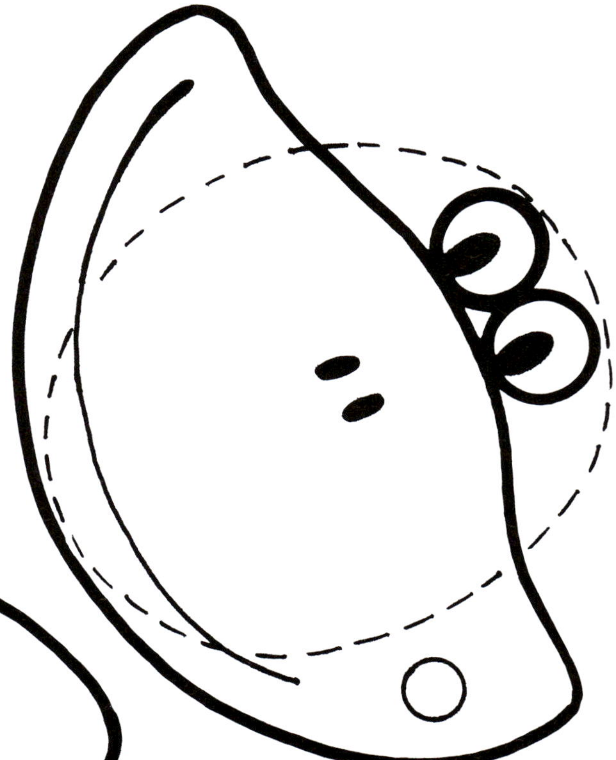

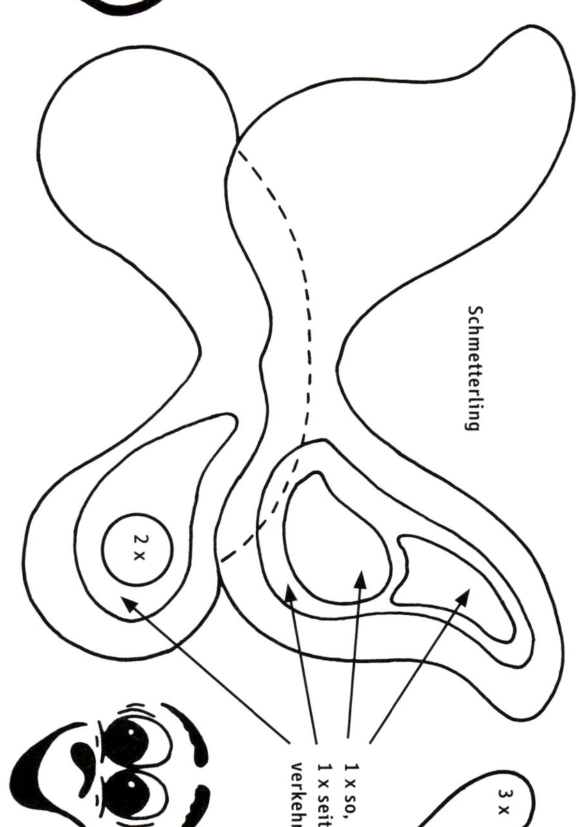

Zwei Blumenfreunde

SEITE 21

Bitte auf 150 % vergrößern

Marylin

SEITE 23

Bitte auf 150 % vergrößern

Blume

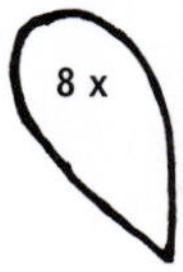

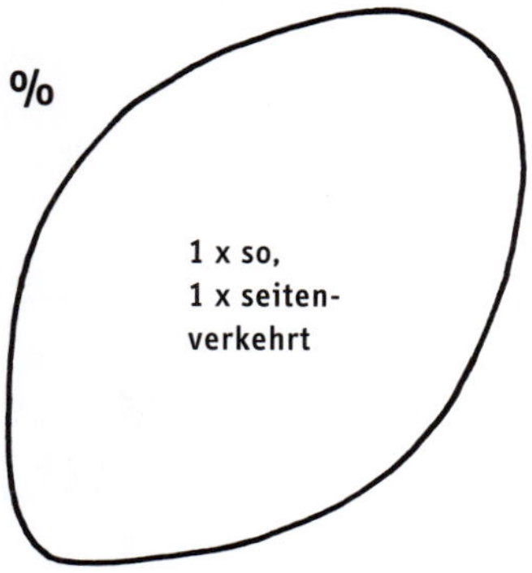

Käfer

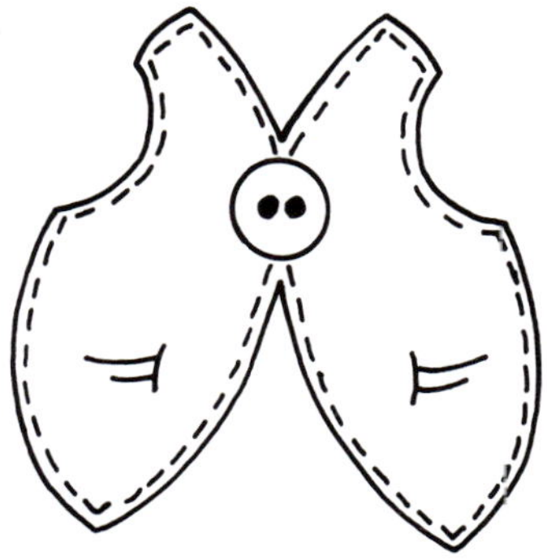

Quaki und Fred

SEITE 25

Bitte auf 150 % vergrößern

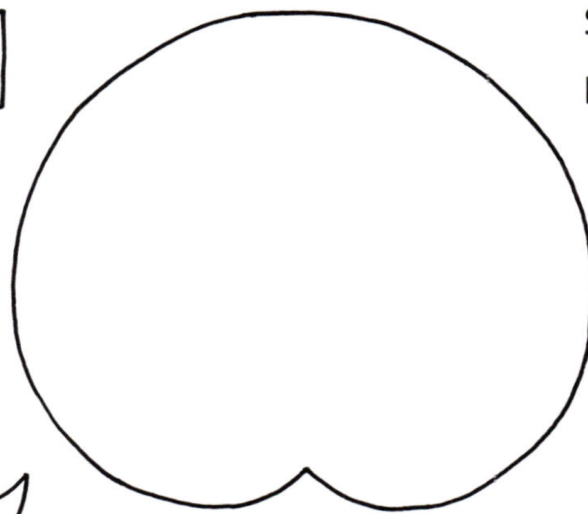

Frosch

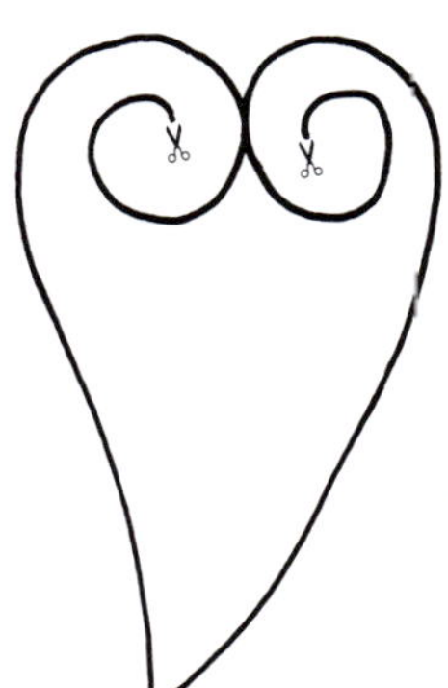

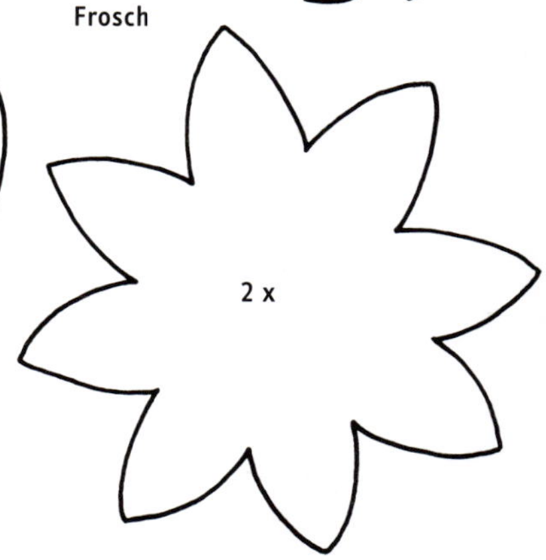

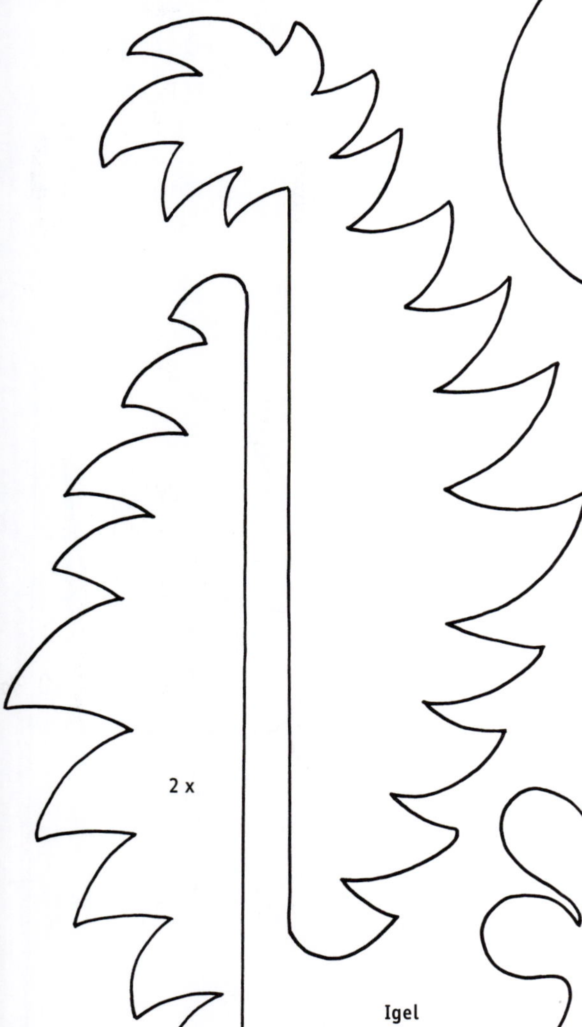

Igel

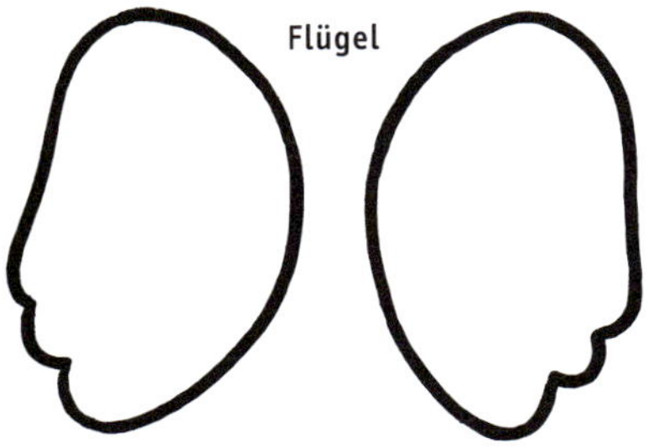

Hallo, Herbst!

SEITE 27

Bitte auf 150 % vergrößern

Rudi und Frosti

SEITE 30

Bitte auf 150 % vergrößern

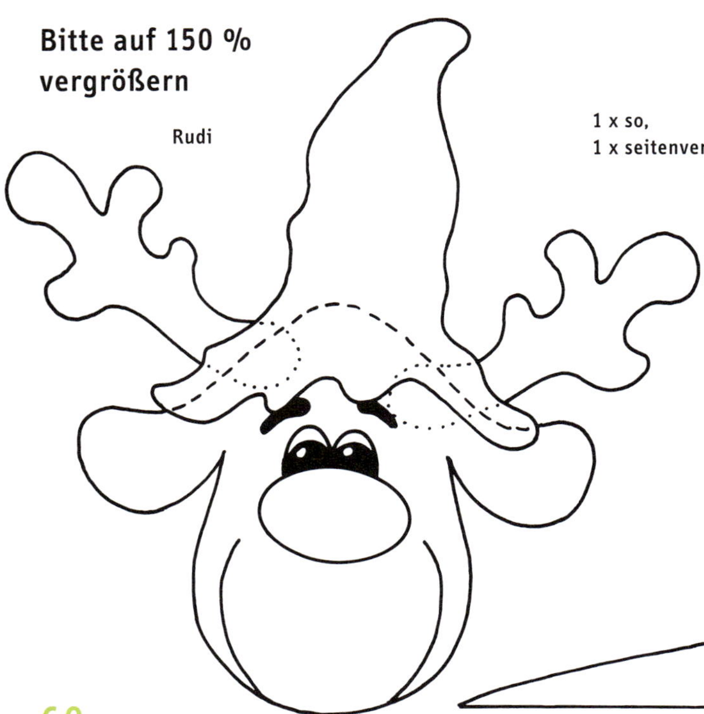

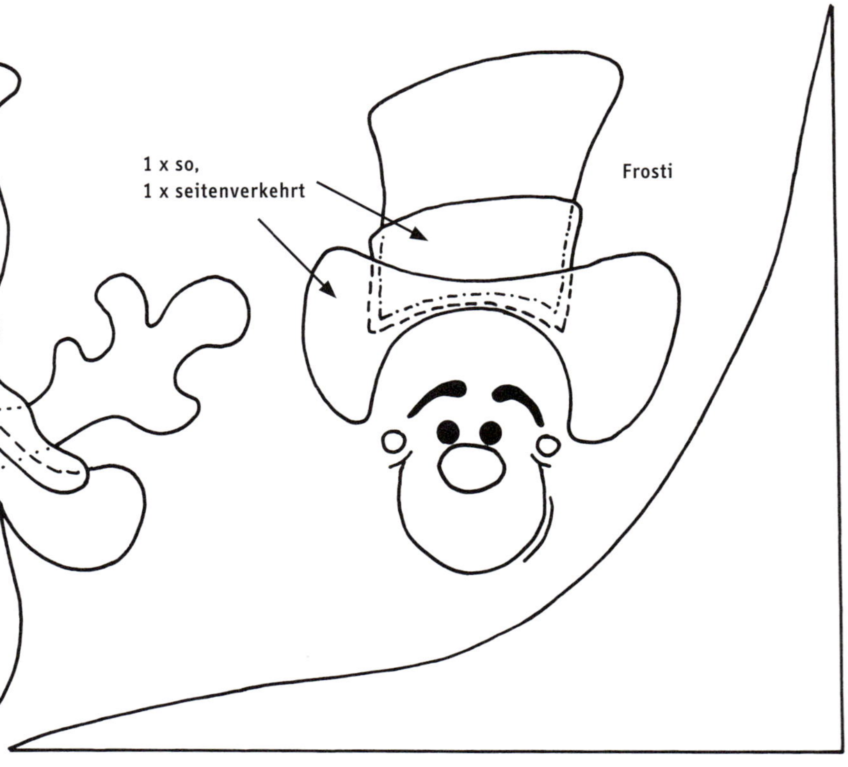

Hanno, der Elch

SEITE 31

Bitte auf 150 % vergrößern

1 x so,
1 x seiten-
verkehrt

Gruselige Gesellen

SEITE 29

Bitte auf 150 % vergrößern

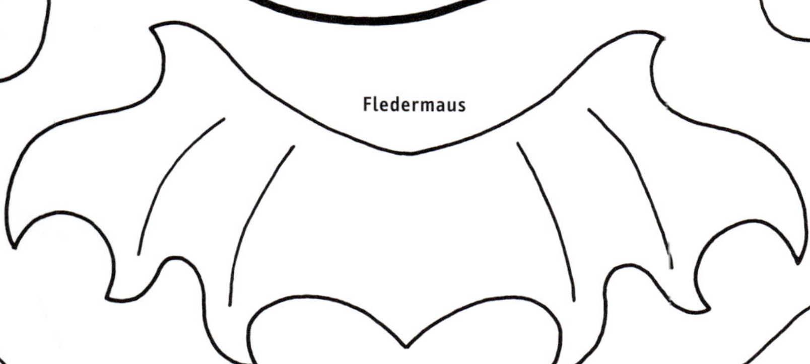

Mäusehochzeit

SEITE 51

4 x

4 x

Engel

Frohe Weihnachten
SEITE 34

Weihnachtsmann
SEITE 37

Bitte auf 150 % vergrößern

Schneemann
SEITE 33

Bitte auf 150 % vergrößern

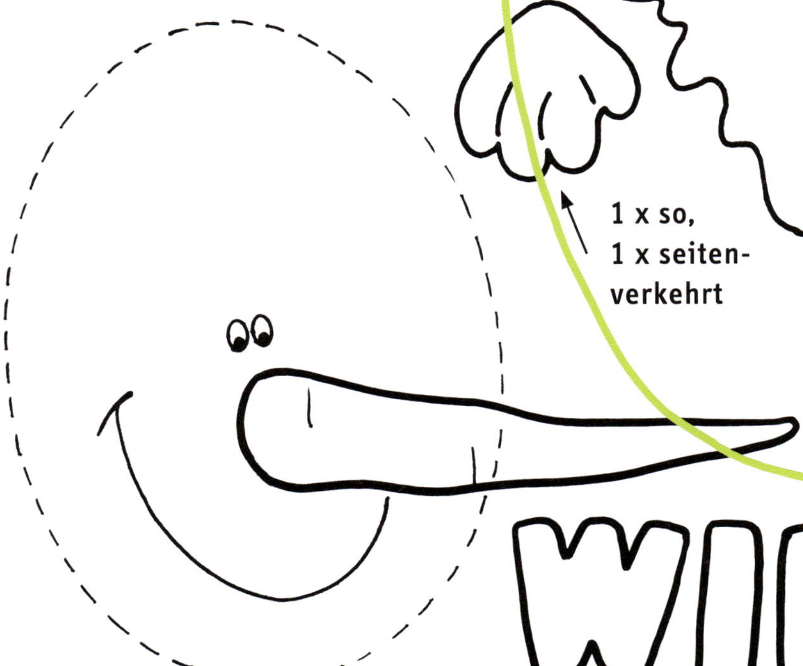

Glücksbringer
SEITE 52

Bitte auf 150 % vergrößern

Zwei Küchenfans
SEITE 49

Kleine Hofmusik
SEITE 43

Bitte auf 150 % vergrößern

Jetzt wird's lustig!

SEITE 41

Bitte auf 150 % vergrößern

Karnevalsjecken

SEITE 39

Bitte auf 150 % vergrößern

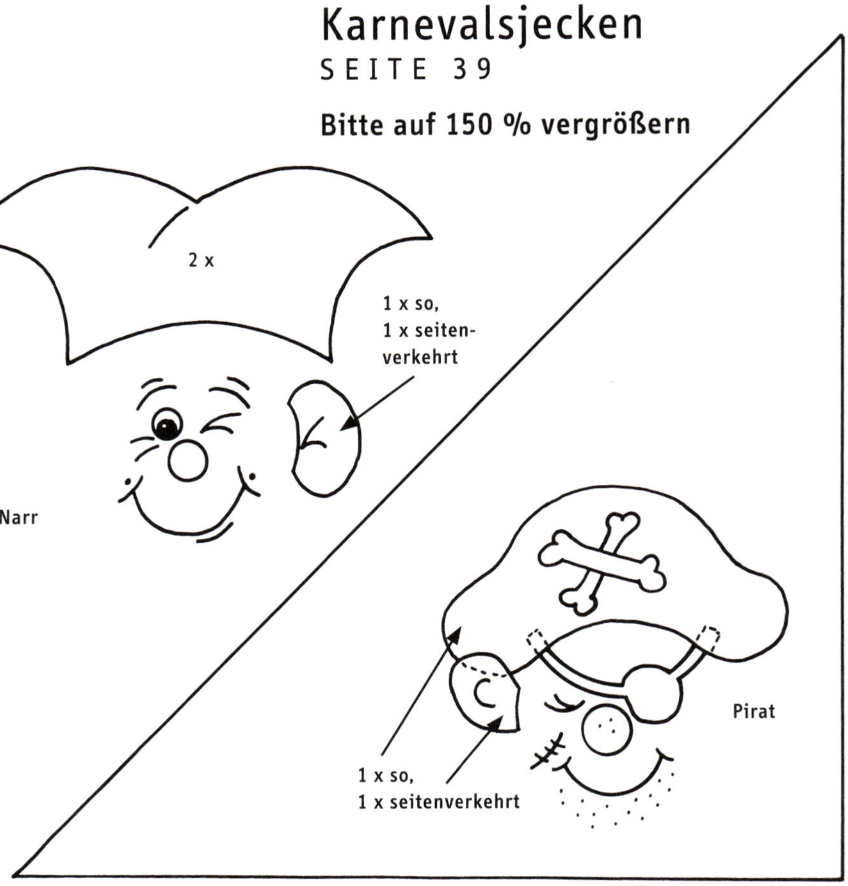